Peintures numériques avec Painter

61, boulevard Saint-Germain
75240 Paris Cedex 05

ISBN 2-212-11216-5

www.editions-eyrolles.com

Cahier 06 du Designer

Peintures numériques avec Painter

CYRIL ANGUELIDIS

OLIVIER COULON

ARNAUD GAUTRON

KATHERINE HAMON

JÉRÉMY MARIEZ

PASCAL SIBERTIN

JEAN-LUC TOUILLON

ZENO

EYROLLES

Les discussions sur Internet m'ont amené à rencontrer des personnes qui expriment et partagent leurs états d'âme, angoisses ou désirs. J'ai voulu, à travers une série de peintures, leur permettre d'exister et de témoigner.

atelier 01

CYRIL **ANGUELIDIS**

Matériel utilisé

- Mac G4 - 400 MHz
- 1 Go de RAM
- 80 Go de disque dur
- Scanner Epson 1660
- Tablette Wacom A4
- Imprimante Epson 1200 photo

Logiciels utilisés

- Painter 7
- Photoshop 6

Chat painting

Image finale

Cette image fait partie d'une série de visuels réalisés pour une exposition sur le thème du chat à la hart galerie en septembre 2002. Il m'a fallu des mois de dialogue sur Internet pour sélectionner les portraits, les situations, les ambiances, les gens avec qui le dialogue s'installe jusqu'à entrer parfois dans une vraie intimité. La spontanéité des dialogues, la provocation, la vulgarité et la possibilité de tricher (je peux me faire passer pour une femme ou pour un homme, je ne sais pas vraiment à qui je parle) sont sans limites et font voyager dans un univers surréaliste qui permet de recréer pourtant des images de vies réelles.

C'est mon *Chat painting* !

Cette (réalisation est le portrait *d'une rencontre virtuelle et malgré tout réelle...*

Étape 1

Réglages et définition de l'image

Il est très important de préparer son image dès le départ. Mes réalisations sont destinées au grand format des bâches conçues pour mettre en valeur un chantier lors de gros travaux et ne pas dénaturer l'espace environnant ; il s'agit en général de travaux sur immeuble, donc de bâches de surfaces assez conséquentes (entre 30 et 100 m de haut sur 50 m de large).
Il n'est pas nécessaire pour autant de gonfler les dpi, cela ne ferait qu'augmenter le poids du fichier et n'engendrerait pas une bien grosse différence de qualité au final. J'ai donc choisi de travailler à une résolution de 300 dpi.

Pendant la création de l'image, je vais chercher dans mon profil, en naviguant dans les différentes fenêtres de sélection (Outils, Style, Objet), les outils que j'ai paramétrés lors de l'installation du logiciel. Utilisant principalement le pinceau Encre sèche, je le configure à ma manière de peindre dans le menu Options de style>Débit. Plusieurs choix sont accessibles : Tarissement, Mélange, qui crée un dégradé suivant la pression, Saturation ou Brin, qui définit la multiplicité et l'écart entre les poils du pinceau. Suivant l'effet requis pour mes réglages, je règle le Brin à 100 % pour avoir un trait compact. L'outil réglé est enregistré dans Variante du menu Style>Pinceau. Je donne alors un nom à mon nouveau pinceau (par exemple « Cyril »).

Il est possible d'enregistrer plusieurs profils sur différents outils, c'est la richesse de Painter. Le grand intérêt est évidemment d'utiliser une tablette Wacom sur laquelle vous pouvez aussi intervenir sur une multitude de réglages (pression, sensibilité, orientation, etc.) pour peaufiner votre outil de prédilection.

Le crayonné

Une fois les réglages terminés, je peux me mettre au crayonné. Je commence directement sur Painter en choisissant Crayon mine 2B dans la fenêtre Style.

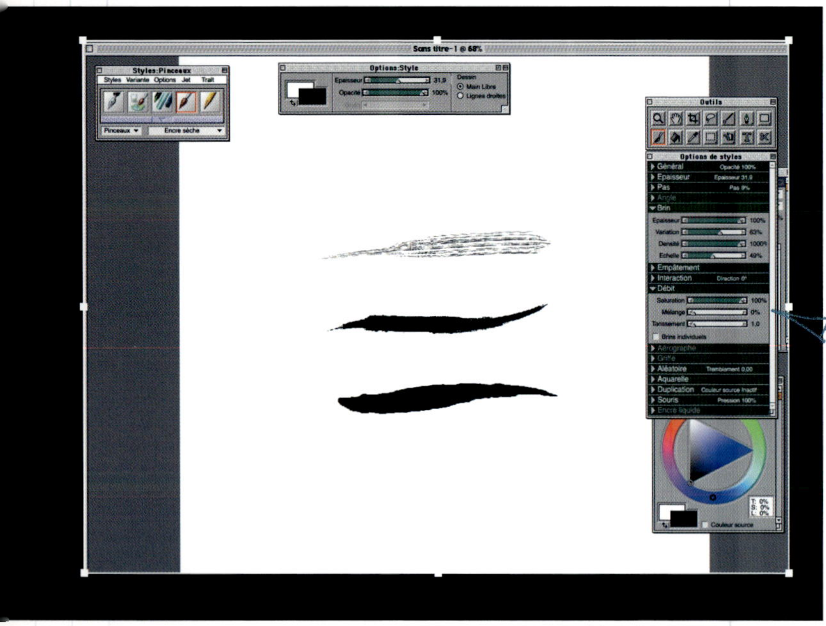

Palette Brin

Les réglages peuvent être modifiés mais ne sont pas à régler à chaque ouverture de fichiers ou création d'une nouvelle image.

Étape 1

Au cours du crayonné, il m'arrive de noter des infos dans un coin du dessin ou des idées qui surviennent comme ça. Je les laisse la plupart du temps, elles font partie de la vie de l'œuvre, de son histoire ; souvent ce sont des petits clins d'œil…

Le calque d'encrage est primordial, il me guidera par la suite pour la mise en couleurs de l'image.

L'encrage requiert une grande (précision ;

il s'agit de constituer un véritable squelette pour l'image.

Ma façon de peindre ne se résume pas à l'utilisation d'un logiciel : je fais la navette entre Painter et Photoshop, car Painter manque de simplicité et les palettes encombrent assez rapidement l'espace de travail ; ceci me pousse à utiliser Photoshop pour la finalisation de mes images. Painter est également très lent, lorsque les calques sont activés.

Sous Painter, les zooms sont aléatoires : ils peuvent passer de 20 % à 10 000 % ! Mais ce bug n'existe apparemment que sur la version Mac ; utilisant un Mac, je suis donc obligé de passer par Photoshop…

L'encrage

Une fois le crayonné terminé, je crée un calque dans la fenêtre Objet. Je sélectionne aussi, dans le mode de fusion, la gélatine qui a pour effet de créer une transparence entre les calques pour l'encrage, puis un autre calque pour la mise en couleurs. Sur le calque dédié à l'encrage (également sélectionné dans la fenêtre Objet), je commence le tracé définitif de mon image en utilisant mon pinceau Cyril créé auparavant dans la fenêtre Style>Pinceau. Ce calque nommé « Encrage » conservera le croquis de base.

Le problème majeur que j'ai rencontré dans Painter est que lorsque vous utilisez une sélection flottante, il reste toujours une petite zone blanche délimitant la sélection, d'où l'intérêt de passer par Photoshop pour tout ce qui a trait aux matières importées ; il est en effet très fastidieux d'éliminer toutes ces zones blanches et il n'existe, à ma connaissance, aucune solution pour les éviter. ■

Étape 2

La mise en couleurs

Je crée un calque nommé « Mise en couleurs » et je sélectionne le pinceau Cyril que j'ai préparé dès le départ.

C'est lors de la (mise en couleurs que l'image *commence à se révéler et à prendre vie.*

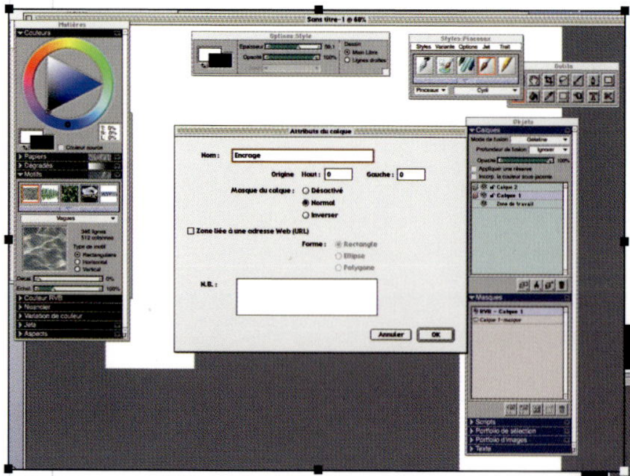

Je travaille toujours mes couleurs en RVB car je sais le rendu qu'elles auront en passant ensuite en CMJN dans Photoshop. Travailler en RVB est vite devenu une habitude, et je ne rencontre jamais de problème ou de réelle surprise lorsque mes images sont transformées puis imprimées en quadrichromie : on observe une baisse de densité mais, heureusement, pas un changement radical de tons dans les couleurs.

Je passe alors d'un calque à l'autre, selon que je traite la mise en place de la couleur, en utilisant dans le menu Matières la palette standard, ou que je crée de nouvelles zones d'ombre, et je crée alors autant de nouveaux calques que nécessaire.

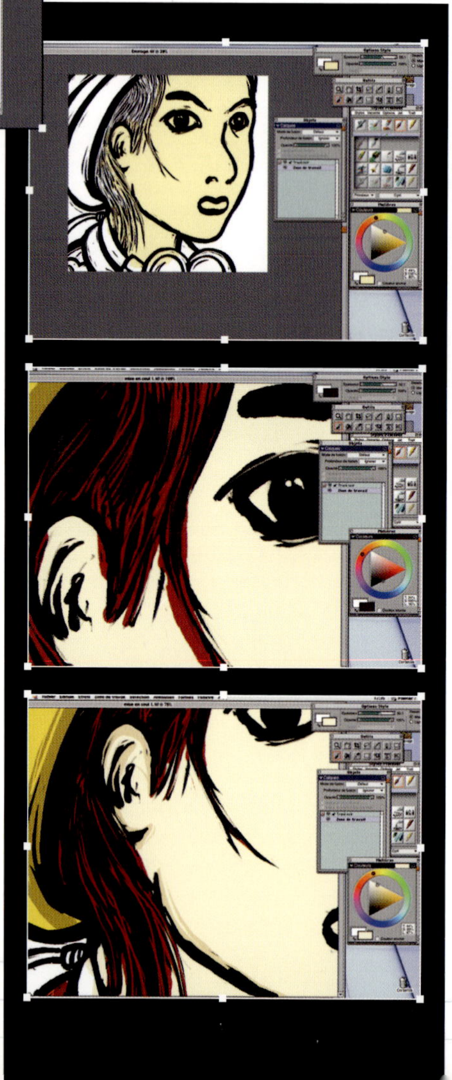

J'utilise de préférence des couleurs vives qui reflètent mon état d'esprit et mes inspirations du moment.

Il m'arrive souvent de travailler avec une série de calques afin de créer plusieurs zones de lecture pour placer des ombres ou d'éventuelles matières. J'utilise ce logiciel de manière assez instinctive, et j'évite les effets préprogrammés ou les effets de textures d'origine.

Mon personnage est maintenant presque prêt ; il va falloir lui ajouter des matières pour le rendre plus concret et finir de le mettre en situation. ■

Étape 3

Les matières

Je fais une sélection préalable de mes matières, récoltées ça et là dans l'esprit de la toile en cours. Je récolte ainsi les différentes matières qui servent à mes travaux dans la vie courante : emballages de barres de céréales, de paquets de riz, de lessive, etc.

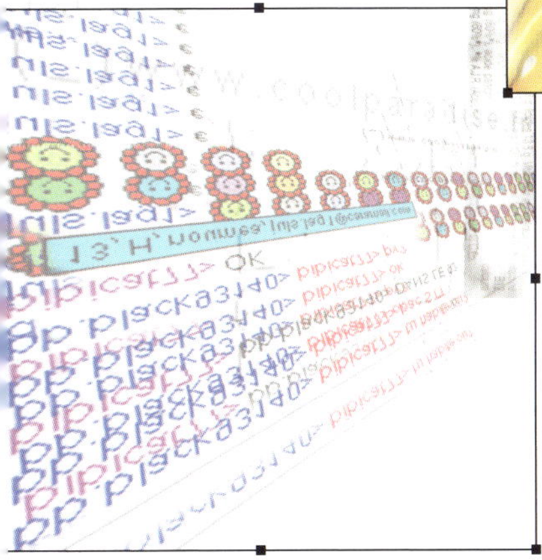

Pour cette réalisation, j'ai également récupéré des matières sur Internet. Par exemple, sur cette image, les fleurs sur le visage du personnage proviennent d'un site de ***chat***. Je scanne mes matières dans Photoshop puis je les enregistre dans un dossier uniquement dédié à cela, que j'utilise selon mes besoins comme une sorte de bibliothèque.

Ensuite, sous Photoshop, je travaille avec des calques en jouant avec les transparences par succession de matières superposées. J'utilise principalement l'opacité pour réaliser les fondus entre matières.

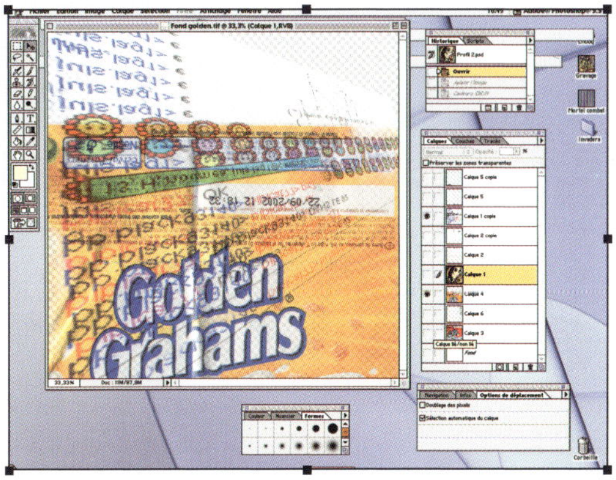

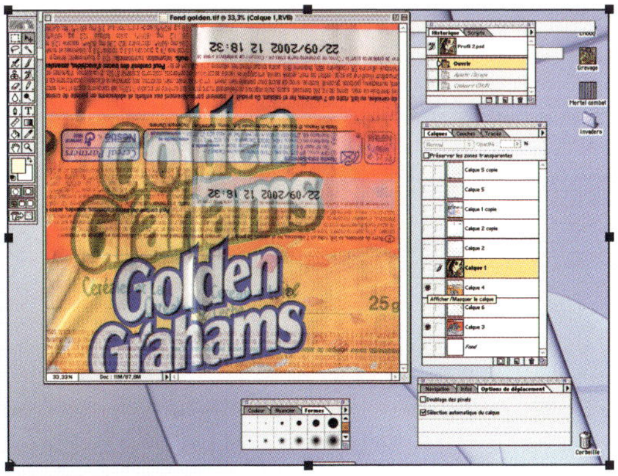

Finalisation

Une fois le fond terminé, je viens y coller mon personnage. Après une pause d'une journée au moins, il m'arrive de rajouter encore de la matière pour peaufiner l'image finale. J'aplatis l'image, puis je la transforme en CMJN pour l'impression. ■

Une image comme celle-ci n'étant pas un travail de commande, j'ai pu utiliser toutes les influences qui m'inspirent, comme le film « Édouard aux mains d'argent » de Tim Burton pour le thème, ou bien les dessins de Brom pour le style. Je peux donc considérer cette image comme représentative de mon style et de mes connaissances en illustration et en graphisme.

atelier 02

OLIVIER **COULON**

Matériel utilisé

- Compatible IBM AMD K6 233 MHz
- 64 Mo de RAM
- 3 Go de disque dur
- Tablette graphique Wacom A4
- Scanner N & B Logitech ScanMan

Logiciels utilisés

- Painter 5
- Photoshop 5

Le mercenaire

Crayonné — Colorisation — Image finale

L'idée d'une illustration peut venir de la lecture d'un livre, de l'écoute d'une musique, ou tout simplement de la vision d'une autre image. Très souvent d'ailleurs, cette idée de départ se trouve modifiée par les premières esquisses et par de nouvelles idées qui viennent enrichir la première. En l'occurrence ici, c'est un ami qui m'avait demandé de lui dessiner sur un morceau de nappe l'un de ses personnages fétiches de jeu de rôle. Ce premier jet m'a plu et m'a donné envie d'approfondir le dessin qui a fini par se retrouver colorisé. Ensuite, un retraitement de l'image finalisée m'a donné l'idée d'autres illustrations dans la même veine graphique.

L'idée d'une (illustration peut venir de la lecture d'un livre, *de l'écoute d'une musique, ou tout simplement de la vision d'une autre image.*

Étape 1

Le dessin préparatoire

Je commence toujours par dessiner mes esquisses au crayon à papier sur des feuilles volantes (telles un bout de nappe...) que je scanne par la suite. Sur ordinateur, il m'est en effet impossible de retrouver le même toucher qu'avec un crayon et un grain de papier réels.

Ce sont souvent de petits (croquis **réalisés à la va-vite**
qui préfigurent des illustrations plus abouties.

Il est courant que les meilleurs recherches, aussi approfondies soient-elles, ne se retrouvent que finalement très peu dans le résultat final. Cette remarque s'applique en particulier aux dessins réalistes pour lesquels les peintres, même académiques, utilisent des photographies (sachant qu'en peinture numérique, c'est plus simple puisqu'il suffit de coller dans son dessin des morceaux de photos scannées, puis de les retravailler). Dans mon cas, ce n'est qu'une fois le travail de colorisation très avancé que j'intègre des références photographiques ou dessinées à mes compositions.

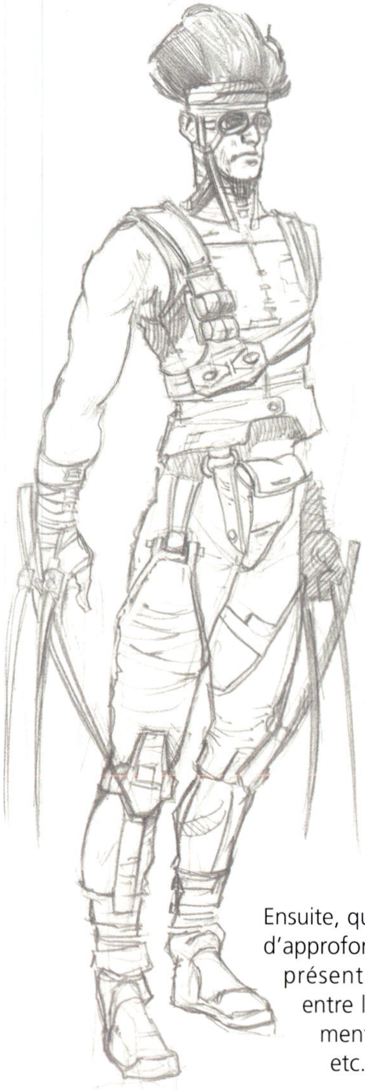

Ensuite, quelques études me permettent d'approfondir le premier jet : dans le cas présent, je peaufine les accroches entre les différentes parties du vêtement, le design des genouillères, etc.

Je n'utilise Painter que pour la dernière phase du dessin préparatoire : le travail de composition. Ici, cette composition s'articule autour du personnage central. Étant donné que l'illustration doit caractériser l'aspect physique du personnage, ce dernier se trouve au centre de l'image. C'est la masse du personnage qui va lui donner son assise, son équilibre et surtout qui va construire l'image.

Étape 1

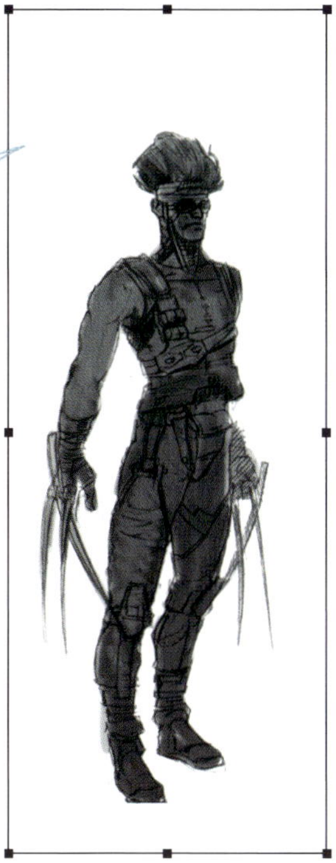

Je construis le personnage en le travaillant comme une masse noire totale : c'est le principe de la Gestalt Theorie, théorie de la perception visuelle développée au début du siècle qui a notamment exploré les effets de l'illusion optique. Pour cela, je scanne l'un de mes dessins les plus aboutis, et noircis sous Painter l'intérieur du personnage afin d'obtenir une masse sombre. J'utilise ici l'effet Aquarelle (les « effets » sous Painter 5 correspondant aux « styles » sous Painter 7), très pratique pour ce genre d'exercice, car son aspect est proche de celui d'un feutre pantone, idéal pour les esquisses.

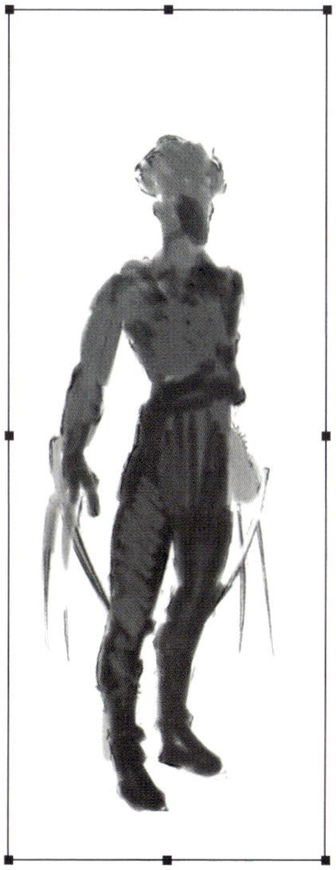

Mais surtout l'effet Aquarelle sous Painter présente l'intérêt de s'appliquer sur une couche dite « humide », ce qui signifie, qu'une fois la colorisation du personnage terminée, on peut venir gommer les traits du dessin initial sans effacer pour autant l'aquarelle.

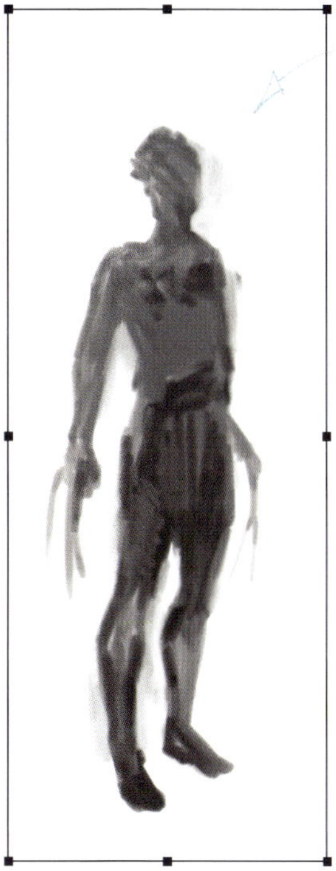

Une fois les traits supprimés, on a une vision d'ensemble de la masse totale du personnage. Retravaillée de manière à modéliser un profil de pieds et de mollets corrects, cette masse permet de visualiser le trajet de la lumière entre les différents éléments de la composition, en particulier entre les jambes et les bras du personnages. La forme prend ainsi sa force grâce aux vides qui l'entourent. Ces zones de vide, appelées « pressions », permettent d'équilibrer et de dynamiser le dessin.

Une fois cette forme réalisée, je retravaille le dessin. Dans Photoshop, je replace mes premiers crayonnés par-dessus cette silhouette, afin de détailler la composition en vue de la mise en couleurs. ■

Dans cette illustration, il faut avant tout se concentrer sur la construction des pieds du guerrier. C'est sur eux que repose tout l'équilibre du personnage et a fortiori celui de l'image. Des pieds mal construits donnent des personnages déséquilibrés.

Étape 2

Création d'un nouvel effet

Dans Painter, un effet est un outil permettant d'appliquer une couleur avec une texture particulière. Lorsque je dessine sous Painter, j'utilise quasiment toujours les mêmes effets, à savoir l'aquarelle, l'aérographe, mais aussi et surtout un outil que j'ai paramétré moi-même. Cet effet imite la texture de la peinture à l'huile avec tous les effets de tarissement et de mélange qui l'accompagnent.

Malgré le très grand nombre d'effets que propose Painter, je trouve qu'en fait peu d'entre eux se rapprochent vraiment des outils réels de peinture et de dessin. Néanmoins, grâce aux possibilités de paramétrage des effets, on peut, avec un peu de recherche, concevoir un effet qui se rapproche du rendu de matière souhaité. Créer ses propres outils est ainsi l'une des caractéristiques les plus remarquables de Painter et prouve à ce titre le réel potentiel de ce logiciel.

Je voudrais donner à la forme de ma (brosse **un aspect échevelé** *comme un pinceau abîmé ou à l'arrêt.*

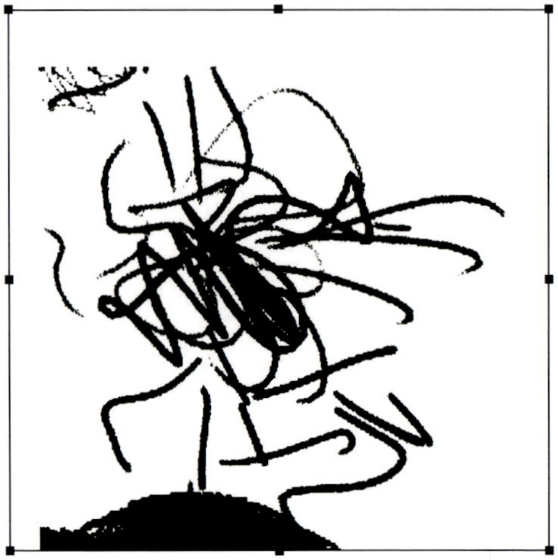

Voici ma méthode pour créer un nouvel effet. Je dessine tout d'abord une forme d'effet en noir sur fond blanc. Cette forme, constituée par un cercle de petits points plus ou moins concentrés, va m'aider à trouver la forme de mon outil, c'est-à-dire le motif, qui en se répétant, donnera l'illusion de la peinture à l'huile.

Je souhaite d'une part que la forme de ma brosse présente un aspect dur qui, en se dupliquant pour former un trait, donnera une apparence pleine et opaque à ce trait : c'est la partie dense du bas de la brosse. D'autre part, je voudrais donner à la forme de ma brosse un aspect échevelé comme un pinceau abîmé ou à l'arrêt, qui en se répétant, semblera transparent et emmêlé : c'est le trait noir de la brosse.

Ces deux caractéristiques de forme de brosse peuvent être combinées en une seule brosse grâce à un motif spécifique, celui que j'ai dessiné. Une précision cependant : la recherche de cette forme peut prendre un certain temps…

Je sélectionne ensuite l'effet à partir duquel je souhaite créer une nouvelle variante. Dans le cas présent, j'ai choisi de ranger ce nouvel effet dans la catégorie Pinceaux. C'est donc dans cette catégorie que l'effet créé sera enregistré, une fois l'opération terminée.

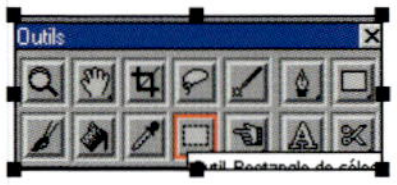

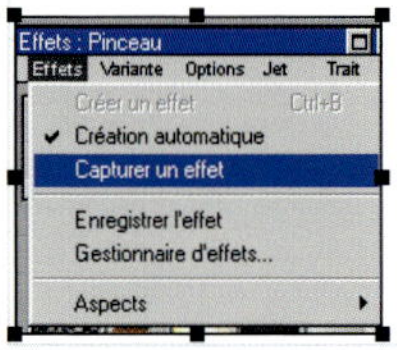

Je sélectionne alors l'outil Rectangle de sélection afin de choisir la forme de pinceau dessinée. Puis je vais dans la palette Effets et coche l'option Capturer un effet.

Étape 2

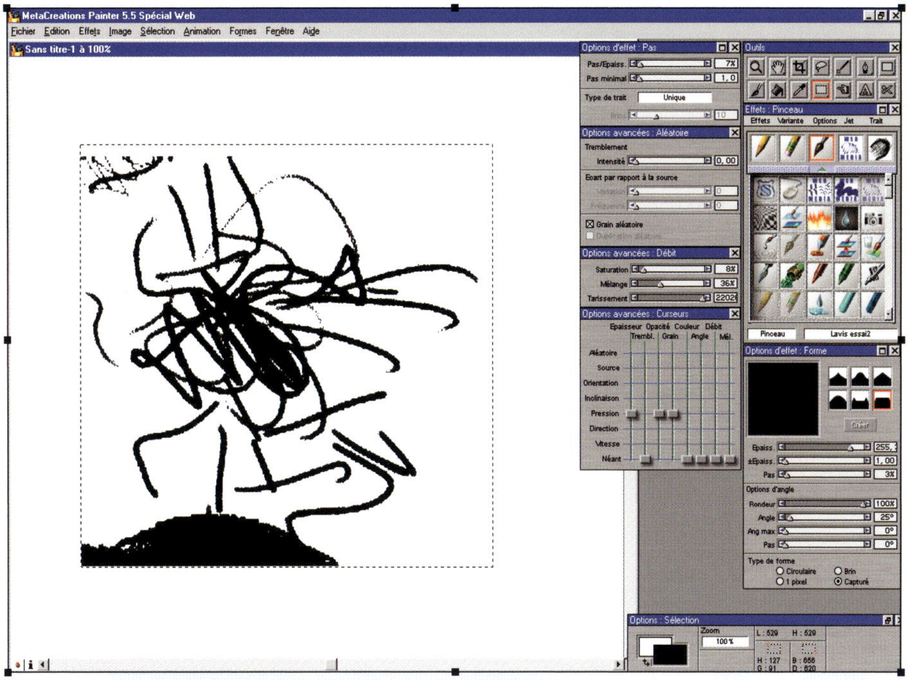

Un conseil très important : lors de la sélection, veillez à bien maintenir enfoncée la touche Majuscule pour créer une sélection carrée ; sinon, il est impossible de capturer l'effet.

Dépliage complet de tous les paramètres de brosses de Painter

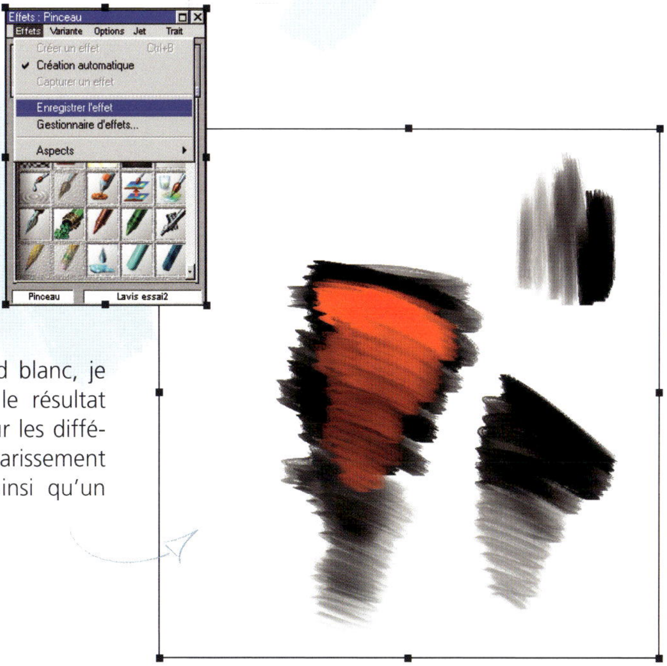

À ce stade, en dessinant quelques traits sur fond blanc, je peux savoir si la forme est correcte. Une fois le résultat escompté, j'enregistre l'effet. On peut observer sur les différents effets de la brosse que j'ai paramétrés, un tarissement de la couleur (le noir disparaît sur le blanc), ainsi qu'un mélange des couleurs (rouge et noir). ■

Étape 3

Paramétrage du nouvel effet

Cette étape un peu plus pointue consiste à paramétrer les variantes du nouvel effet en fonction du seul outil digital dont dispose Painter, la main du dessinateur. Une quantité impressionnante de paramètres d'effets est ainsi mise à disposition de l'utilisateur. Voici les différentes options d'effets disponibles sous Painter 5.

Option Forme

Avec les options par défaut, le trait est régulier au niveau de la forme. Lorsqu'on augmente l'option ± Epaiss., plus on appuie sur le stylet de la tablette graphique, plus le trait est large, tandis qu'avec Rondeur, le trait est biseauté.

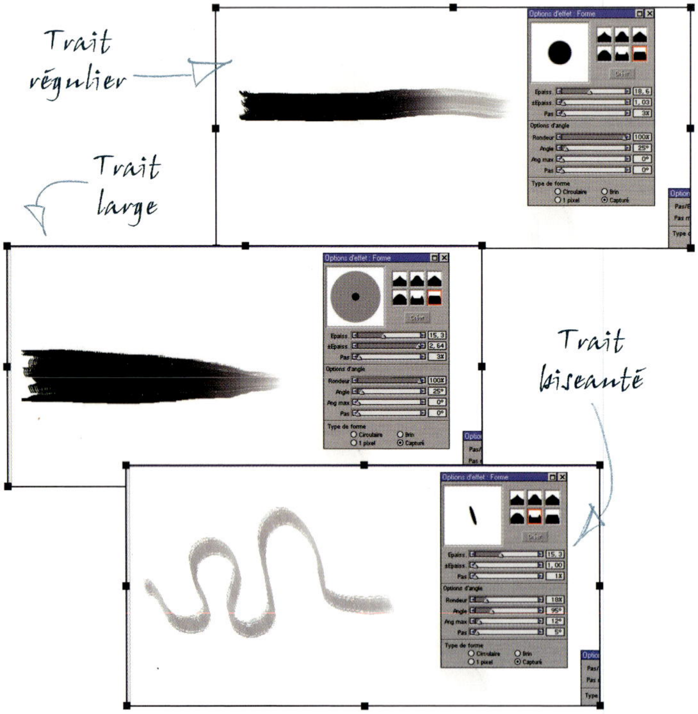

Option Pas

Avec les options par défaut, le trait est dense et opaque. Plus le pas minimal est élevé, moins le trait est dense, d'où un aspect cotonneux.

Option Débit

La saturation correspond à l'intensité de la couleur : plus l'option Saturation est intense, plus la couleur est proche de sa valeur non mélangée avec les autres couleurs de la feuille. Quant au tarissement, il indique la quantité de matière sur le pinceau. Plus l'option Tarissement est basse, moins le pinceau est chargé en matière, ce qui signifie que la couleur s'épuise très vite si on ne relève pas le pinceau.

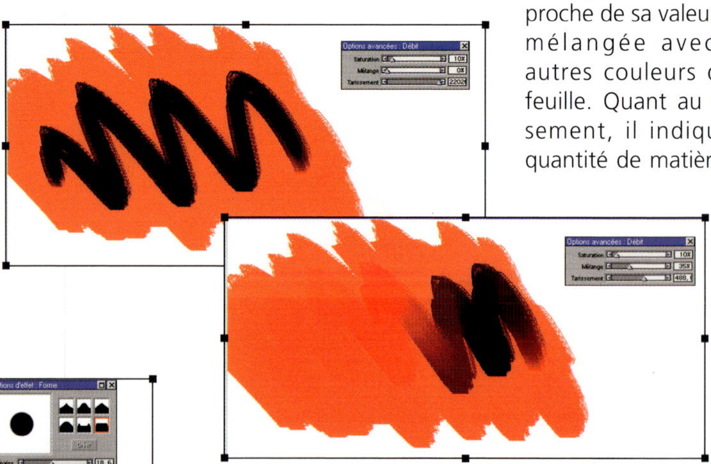

Option Aléatoire

Plus l'option Intensité est élevée, moins le trait est rectiligne.

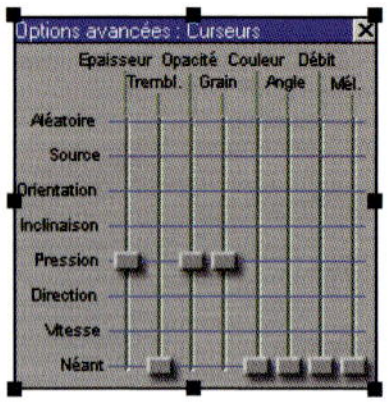

Option Curseur

Les curseurs permettent, par exemple, de faire varier la pression d'un trait, ou bien son épaisseur, en fonction de la vitesse du stylet ou de son angle par rapport à la tablette graphique.

Une fois tous ces paramètres définis pour mon effet, j'enregistre les modifications dans l'option Variante du menu Effet.

Étape 4

Application de la couleur

Cette phase consiste, dans un premier temps, à placer les intentions de couleur dans le dessin puis, dans un deuxième temps, à ajouter du détail sur ces couleurs en fonction du dessin initial. Sur ce dessin, j'ai décidé de marier deux couleurs complémentaires : le jaune pour le fond, et le violet pour les ombres et les reflets dans le noir.

Le personnage est par (conséquent une tache sombre *sur un fond clair.*

Pour rendre une image lisible, le peintre a souvent recours aux contrastes. J'ai utilisé ici le contraste clair-obscur, en plaçant mon personnage sombre sur un fond clair, et l'ai renforcé par un contraste des couleurs complémentaires, avec le jaune et le violet. Je me suis également servi du contraste dit de qualité, qui correspond au degré de pureté ou de saturation des couleurs. Assez rare dans l'imagerie réaliste, il est ici très présent : les couleurs sont ternes, peu saturées, à l'opposé du fond qui donne à l'image un aspect surréaliste. Enfin, mon dessin offre aussi un contraste dit de quantité, relatif aux rapports de grandeur entre deux ou plusieurs taches de couleur : ici, la masse noire du personnage est moins importante que le fond très clair de l'image.

Avant

Après

À partir de l'étape suivante, l'évolution du dessin n'est plus qu'un aller-retour entre Photoshop et Painter. Au fur et à mesure que la mise en couleurs progresse, le modelé apparaît. De petites pointes de lumière permettent de caractériser les matériaux comme le cuir ou le métal.

Étape 5

Le visage

Pour cette illustration, je suis parti d'une photographie pour réaliser le visage. Comme toutes les photos que je scanne, je la passe en noir et blanc afin que la couleur de l'image initiale n'influence pas mon travail de colorisation dans Painter. Une fois la photo scannée, je détoure le visage sous Photoshop. Puis je réalise sous Painter un premier fond avec l'outil Aquarelle de la couleur complémentaire à celle utilisée pour le fond final : ce fond étant jaune, cette couleur sera le violet.

Une fois ce premier fond appliqué, je sèche l'aquarelle en désactivant la peinture humide dans le menu Image. Au moyen de l'outil Lavis, que j'ai aussi créé sous Painter, je réalise un second fond. À l'endroit où le pinceau n'a pas complètement recouvert la feuille, des teintes violettes apparaissent. J'utilise souvent cette technique de deux fonds complémentaires pour enrichir les couleurs.

Ce travail sur le visage résume le (travail **sur** *les différentes parties du corps.*

Sous Photoshop, j'ouvre cette image de fond. Dans un nouveau calque, j'importe le visage précédemment scanné et détouré. Puis je mets ce calque en mode Produit pour que le visage prenne les teintes du fond. Je modifie ensuite la colorimétrie du visage avec la balance des couleurs et j'aplatis l'image.

Le travail de peinture sous Painter commence. Je remplace les zones sombres de la photo par du violet. Les zones très sombres comme les pupilles, les cils, la commissure des lèvres, les cheveux, restent noirs. Je rajoute des cheveux ainsi que quelques pointes de blanc aux endroits proéminents du visage : nez, front, pommettes. Ces touches claires permettent de simuler l'aspect brillant de la peau.

Touches claires

Comme l'image de référence était une photo en noir et blanc, le résultat de la colorisation s'avère terne. Un changement du gamma permet de régler ce problème.

Étape 5

Il existe une méthode très pratique sous Photoshop pour détourer facilement un objet. Je sélectionne d'abord grossièrement le visage, puis je choisis le mode Masque de sélection : un masque transparent de couleur rouge apparaît autour de la sélection et je peux alors peindre la sélection de façon très précise. Une fois la sélection terminée, je bascule en mode Standard.

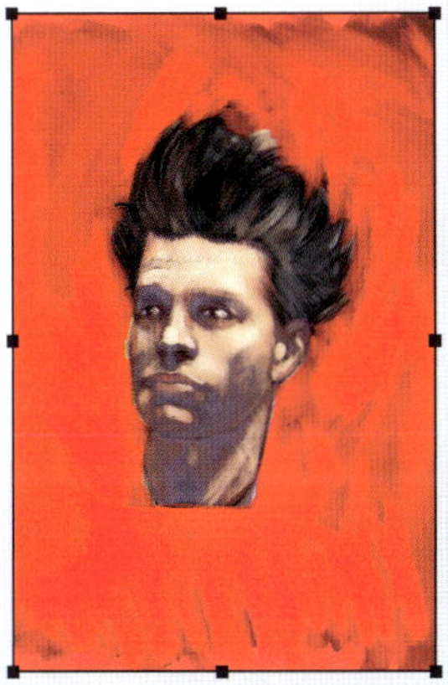

Cette sélection permet de corriger le gamma du visage et non du fond. Je rajoute les lunettes, les cheveux et les lanières en cuir dans les tons violacés. Afin d'accentuer le réalisme, je m'attarde sur la tranche des lanières en cuir ainsi que sur les reflets des lunettes. Un dernier changement de gamma me permet d'unifier la carnation de la peau avec le fond.

Ce travail sur le visage résume celui effectué sur les différentes parties du corps. Il permet aussi de donner une marche à suivre pour le reste du personnage. En effet, à part quelques changements de colorimétrie afin d'unifier le tout, les corrections du visage sont terminées. ■

Étape 6

Photomontage dans Photoshop

Cette phase n'intervient que dans le cas d'illustrations réalistes. Certes, j'entends déjà de soi-disant puristes crier au scandale : chaque dessinateur devrait connaître l'anatomie sur le bout des doigts avant de réaliser tout dessin réaliste… Mais l'ordinateur est un outil fantastique qui permet d'exécuter des travaux très rapidement, alors profitons-en. D'ailleurs, aujourd'hui, de nombreux domaines artistiques liés à l'industrie, comme la bande dessinée ou le cinéma, ont recours aux outils informatiques pour améliorer leur rendement.

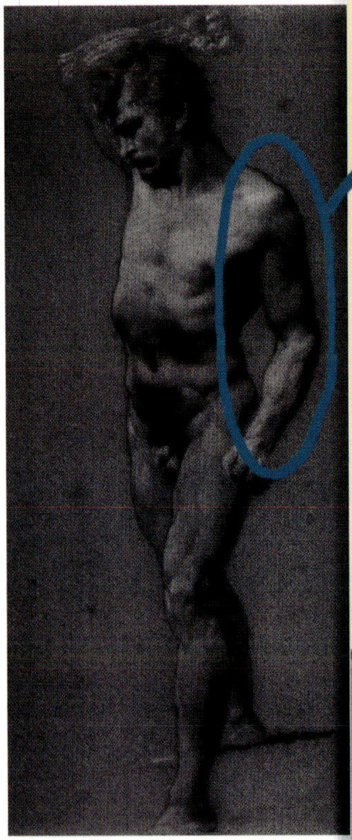

Le choix de mes images de référence se fait en fonction de la nature du dessin. Ici, j'en avais besoin pour le rendu du cuir : les illustrations du dessinateur américain Brom m'ont permis de trouver ces références. Bien qu'elles soient peintes, leur niveau élevé de réalisme m'autorise à les utiliser et, par la suite, à repeindre par-dessus. Il en est de même pour le bras, tiré d'une académie de Prud'Hon.

Étape 6

Les finitions

Grâce aux références de vêtements, je peux peindre des reflets sur le cuir de manière plus précise. J'ajoute ainsi des détails comme les genouillères et les anneaux de métal, et je différencie les bandelettes de cuir.

Ultime finition : j'éclaircis le mur du fond afin de faire ressortir le personnage, tout en modifiant légèrement la carnation de sa peau afin d'unifier la colorimétrie de l'image.

Je change aussi de côté l'ombre sur le bras, comme si la lumière venait de la gauche de l'image. De cette manière, la jambe en arrière-plan se trouve dans l'obscurité et ne présente plus aucun détail. Cet effet permet de donner un effet de profondeur, léger mais indispensable : la jambe devient une masse noire anguleuse.

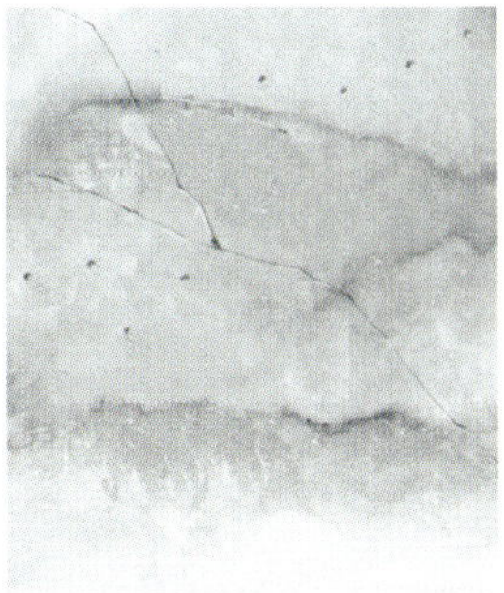

À ce niveau de détail, les contours du personnage sont encore relativement flous. Avant de les préciser, je dois m'occuper du fond. Je peins d'abord un mur en pierre grâce à diverses références de textures photographiques. Puis je rajoute quelques couleurs et nuances sur le fond jaune, avant de placer l'image du mur en niveaux de gris dans un calque en mode Soft light. Je termine enfin les derniers détails sur les vêtements du personnage, en faisant notamment disparaître les bords des morceaux collés.

Cette illustration ne m'a demandé aucune connaissance particulière de Painter, alors que je n'aurais jamais pu la réaliser de manière traditionnelle. Beaucoup d'artistes ne considèrent pas toujours cette flexibilité du numérique et sous-estiment l'intérêt de ces techniques dans leur démarche de création. Pour ma part, je crois beaucoup au dialogue entre les deux univers et je pense que l'utilisation du meilleur de chacun peut ouvrir les portes à d'incroyables champs artistiques.

atelier 03

ARNAUD **GAUTRON**

Matériel utilisé

- PowerMac G4 933 MHz
- 768 Mo de RAM
- 80 Go de disque dur
- Tablette graphique Wacom A4+

Logiciels utilisés

- Painter 7
- Photoshop 6

La princesse enracinée

Image finale

La princesse enracinée n'est pas une illustration unique. La représentation d'un personnage figé, le corps comme maintenu en une posture particulière, dans un environnement à la fois fantastique et mystérieux, est en effet l'un de mes sujets de représentation favoris. Lorsque je me perds à dessiner « par réflexe », ce genre de composition revient assez facilement, alimenté par quelques dessinateurs dont je cultive le goût depuis longtemps : Hermann, Druillet, Moebius ou encore Bilal pour ne citer qu'eux.

En fait, cette illustration se différencie des autres par son traitement. Grâce à Painter 7, j'ai utilisé ici la technique de l'aquarelle, technique que je n'utilise pas de manière traditionnelle, au contraire de l'acrylique ou de l'encre de Chine.

C'est donc un travail particulier qui met en lumière les résonances et les dissonances qui existent entre peintures traditionnelle et numérique.

Grâce à Painter 7, j'ai utilisé ici la (technique de l'aquarelle, *technique que je n'utilise pas de manière traditionnelle.*

Étape 1

Le crayonné

Je commence toujours mes illustrations par un crayonné et il m'arrive même parfois de m'arrêter à l'état d'esquisse. Ici, j'utilise l'outil Crayon avec une mine 2B. Je choisis une couleur neutre, non saturée, un gris moyen. Je ne modifie aucun autre paramètre que la couleur, dans la mesure où, à mon sens, les réglages par défaut des outils de Painter sont pertinents et me permettent généralement d'obtenir le résultat que je souhaite.

En termes de composition, l'objectif est de représenter une scène qui occupe l'espace de manière équilibrée.

Il est important de placer les éléments précisément, le crayonné servant de base à l'ensemble de l'illustration.

Au-delà de la représentation d'un sujet visuellement équilibré, je cherche à apporter au travers de mes dessins des impressions, voire des émotions, qui sans gêner ou choquer outre mesure provoquent chez le spectateur un éveil au fantastique. Pour obtenir ce résultat, je m'appuie généralement sur un paradoxe : des volumes équilibrés, un sujet réaliste dans un style graphique qui suggère plutôt l'inverse. C'est au travers de ce paradoxe que l'illustration peut être réussie.

Je commence donc le crayonné par le corps, et ce dernier par la tête. La princesse doit être au centre de l'illustration, tant verticalement qu'horizontalement. J'esquisse dans un premier temps l'ensemble de ses membres et la robe qui les recouvre.

Dans un deuxième temps, je pose les premiers traits du fond. Je place les courbes de la façon la plus spontanée possible, toujours dans un souci de juste répartition des volumes et sans trop m'arrêter en cours de route. En fonction de ces premières courbes, je double certains traits afin de suggérer rapidement les racines. Au moyen de quelques hachures et d'ellipses, je prépare le travail ultérieur sur les volumes et les ombres.

Enfin, je choisis un gris plus sombre (environ 80 % de noir) et reprends le crayonné de la silhouette, en marquant plus fortement les traits du visage et les lignes extérieures. ■

Étape 2

La préparation du fond

Lorsque j'entame une nouvelle illustration numérique sous Painter ou une toile à l'acrylique, je ressens souvent une légère appréhension lorsqu'il s'agit de passer du crayonné, noir sur blanc, à la mise en couleurs et en volumes. Cette étape me paraît toujours assez fastidieuse dans son commencement et je retrouve à ce moment les mêmes sensations que devant une toile blanche.

À l'acrylique, j'utilise en général une brosse large pour préparer le fond. Ici, je choisis plutôt l'aquarelle car je sais que Painter permet de recouvrir facilement une première fois les surfaces, la fluidité de cette matière étant particulièrement bien reproduite. C'est en tout cas l'impression que j'ai, ne connaissant pas la technique.

L'idée est donc de préparer le fond. Cette étape signifie deux choses : le choix des couleurs de base de l'illustration et le placement des premiers reliefs. La couleur dominante du fond est un vert kaki assez clair, accompagné par un marron assez saturé tirant vers l'orange. Je cherche ainsi à faire passer au spectateur une première impression de « végétalité » en utilisant des couleurs proches de celles des feuilles et de la terre.

Je choisis successivement plusieurs types de pinceaux parmi ceux proposés dans l'outil Aquarelle, me limitant toutefois aux seules soies. En faisant également varier la taille du pinceau (entre 10 et 40 environ), j'alterne entre les soies sèches, douces et fines. ■

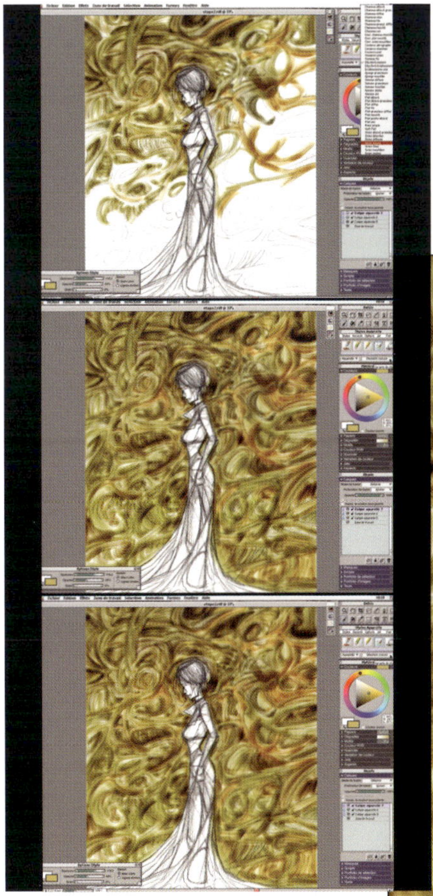

J'essaie, au moins pour cette étape, de ne pas utiliser la commande Annuler. En refusant d'utiliser cette fonction, j'introduis ainsi une dose de spontanéité, ce qui me rapproche des méthodes traditionnelles. Je préfère la surprise, parfois heureuse, parfois non, provoquée par un changement de valeur d'une même teinte de vert ou de marron, par l'augmentation ou la réduction de la taille du pinceau, ou encore par des passages successifs au même endroit avec deux outils différents.

Étape 3

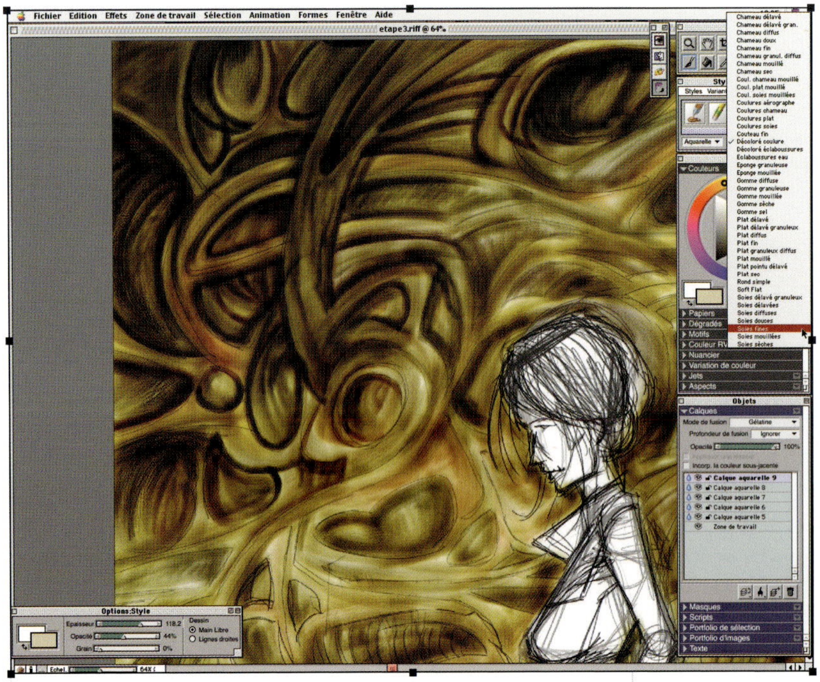

Painter requiert une grande capacité à gérer un calque Aquarelle de la taille de la page : cette technique permet donc d'optimiser les temps de réponse. D'autre part, la superposition des calques Aquarelle permet d'obtenir des effets de recouvrement (liés au fait que ces calques utilisent le mode de fusion Gélatine).

La première phase consiste à marquer précisément, à l'aide d'une soie fine de couleur sombre, les traits qui délimitent les racines et les creux. Je place ces traits sur un calque spécifique.

La deuxième phase se résume à repasser sur les branches, à l'aide cette fois d'une soie douce ou sèche plus large, et à marquer les ombres des creux de l'entrelacement. J'utilise pour chacune des zones le calque sur lequel j'ai posé les traits fins afin de les mélanger.

La réalisation du fond

L'objet de cette étape est de créer l'atmosphère générale de l'illustration à partir du travail préparatoire de l'étape précédente. Contrairement à cette dernière, cette nouvelle phase me demande de la patience et de la minutie.

Sur le plan technique, l'astuce que j'ai utilisée pour cette illustration consiste à superposer plusieurs calques Aquarelle. Cela a pour effet de produire un rendu plus dense des couleurs. La superposition des bavures et des taches de l'outil Aquarelle permet également de créer du grain sur l'image, non uniforme et plus réaliste qu'un grain appliqué a posteriori (sous Photoshop, par exemple) ou qu'un grain a priori (les choix de papier de Painter). Cette manière de procéder augmente le niveau de détail du second plan de l'illustration.

La réalisation de cette étape peut être découpée en trois phases, qui ne s'appliquent pas forcément à l'intégralité du dessin mais plutôt à des zones. J'utilise un nouveau calque pour chacune des zones (quatre environ pour l'ensemble du fond). Cette nouvelle astuce répond à deux contraintes très spécifiques à la peinture numérique. D'une part, j'ai remarqué que

L'utilisation du numérique apporte un confort inégalé et un droit à l'erreur qui me paraissent personnellement plus satisfaisants sur le plan artistique que la commande Annuler dont je parlais dans l'étape 2.

Étape 3

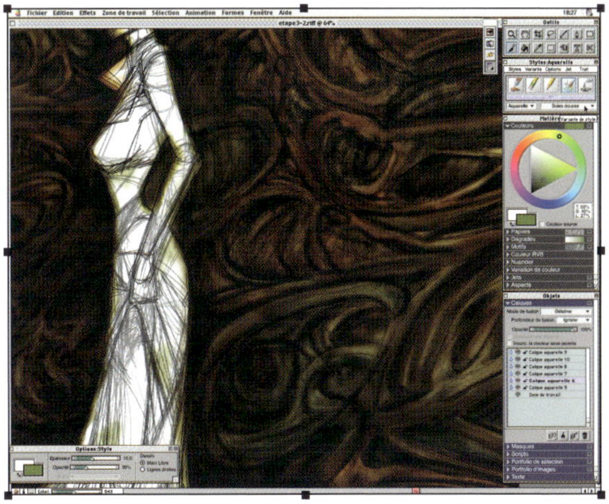

Enfin, dans la troisième phase, j'utilise pour chaque zone l'outil Décoloré coulure. Cet outil – existe-t-il d'ailleurs un équivalent en aquarelle analogique ? – est intéressant à deux titres : il permet de « mouiller » la matière en la rendant ainsi plus réaliste et d'éclaircir certaines zones pour créer du relief. Pour cela, je choisis dans cette dernière phase des couleurs plus claires et moins saturées que pour les deux phases précédentes, tout en conservant la palette choisie plus haut (des verts pâles et des jaunes roux).

L'ambiance générale de l'illustration est ainsi accentuée par l'impression de lumière venant du haut. En termes de composition, comme on le verra plus tard, je place le premier élément d'une symétrie horizontale entre le haut et le bas du tableau : je souhaite en effet que la luminosité du bas de la composition soit comparable à celle du haut et que le contraste général avec le centre de l'illustration soit bien marqué. ■

Je souhaite que la luminosité du bas de la (composition soit comparable *à celle du haut et que le contraste général avec le centre de l'illustration soit bien marqué.*

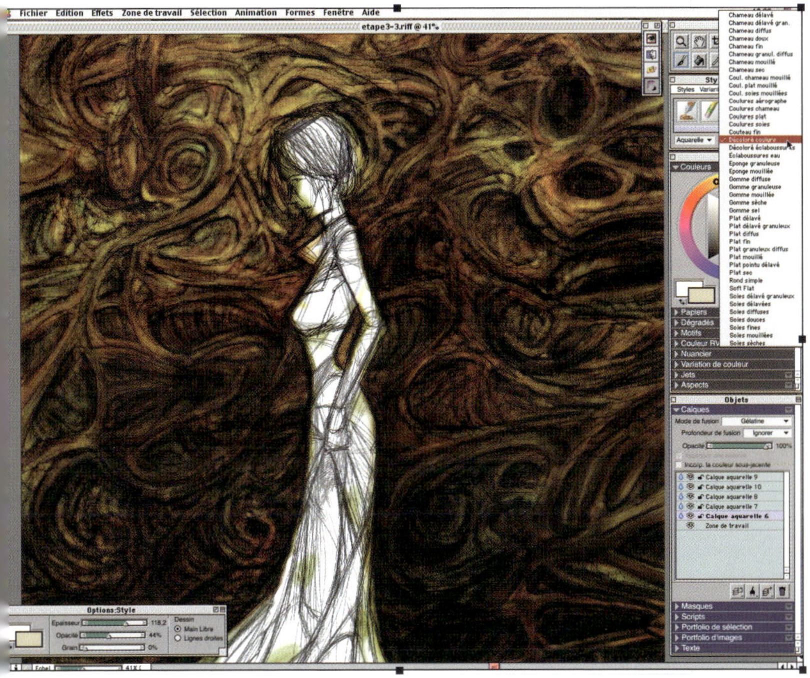

Étape 4

La princesse

Avec cette étape, on rentre véritablement dans le cœur du sujet, la princesse. On peut ici distinguer deux phases : la préparation et la matière.

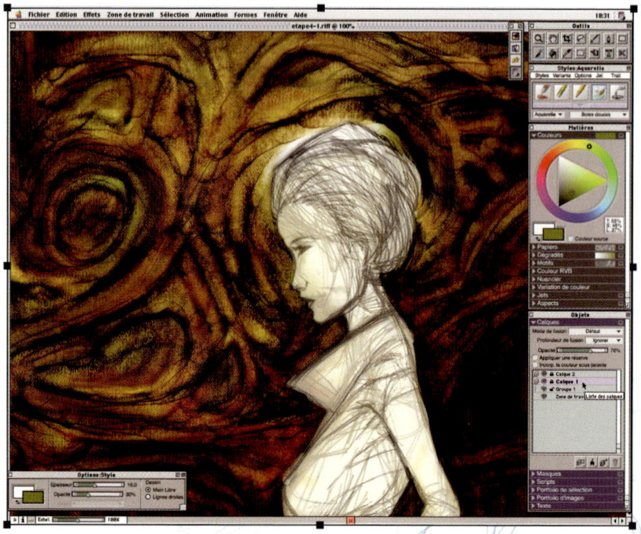

La manière dont j'aborde la phase de préparation n'est probablement pas très académique sous Painter. Elle consiste à créer un nouveau calque (Normal cette fois-ci). Les calques Aquarelle tiennent compte des calques placés en dessous et viennent s'y superposer. Comme je n'ai pas fait très attention à la princesse dans les étapes précédentes, je dois donc réaliser une sorte de masque de la zone occupée par le corps.

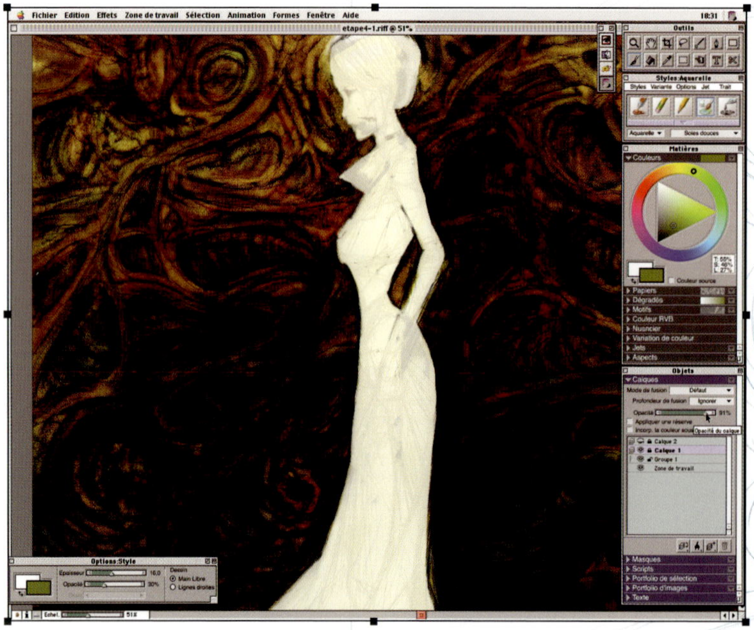

Dans un premier temps, je recouvre donc la zone du corps à l'aide de l'outil Pinceau Chameau rond. Je choisis cet outil pour son absence de grain et sa régularité qui correspondent bien à ce travail de préparation. J'opte pour une couleur crème assez douce. Une fois la zone recouverte, je modifie l'opacité du calque pour l'amener à 70 %, ce qui a pour effet de faire apparaître légèrement le crayonné original.

Dans un deuxième temps, je reprends le crayonné du corps sur un nouveau calque Normal, placé au-dessus du précédent. En utilisant toujours une mine 2B, je dessine quelques détails supplémentaires au niveau du buste et surtout du visage. Ces traits n'étant pas destinés à être retouchés, je m'attache donc à ce que le dessin du visage soit particulièrement précis, souhaitant en effet que cette zone de l'illustration soit la plus nette.

J'accorde beaucoup d'importance au choix des (couleurs qui *composent le corps de la princesse.*

Les masques sont des outils très puissants et fondamentaux dans les logiciels de retouche et de création d'images. Autant ils me paraissent indispensables dans Photoshop, autant je ne les utilise quasiment jamais dans Painter, où je préfère, toujours dans un souci de conserver une dose d'analogique dans ma démarche, utiliser le recouvrement successif de couches, quitte à travailler plus longuement les zones « masquées », par exemple le contour entre une forme de premier plan et un fond.

Étape 4

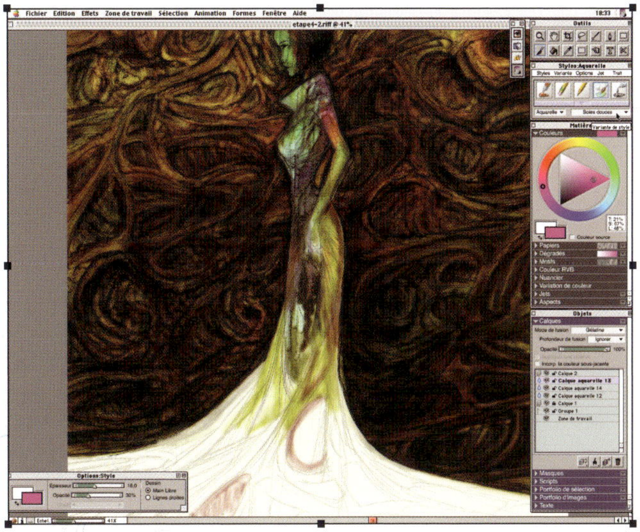

Une fois cette étape franchie, l'ensemble de la feuille est rempli, mais s'avère beaucoup trop uniforme. Il s'agit donc de passer à la phase de finition.

Pour la mise en couleurs du corps, j'utilise exactement la même technique que pour le fond, à savoir une superposition de calques Aquarelle construits d'abord avec des soies et mouillés par la suite. J'accorde beaucoup d'importance au choix des couleurs qui composent le corps de la princesse. En effet, le rendu de ce corps doit réveiller visuellement l'ensemble de l'illustration et servir le paradoxe représentation réaliste/traitement détourné. La palette est donc ici nettement plus vive que pour le fond : je choisis successivement un cyan, un bleu, un magenta, un jaune et un vert vif.

Enfin, contrairement au fond pour lequel le pinceau suivait les courbes placées au crayon, j'applique ici la couleur en donnant un mouvement vertical (au moins sur le haut du corps). Cela permet de créer des bavures qui rendent l'illustration numérique plus réaliste.

Il est étonnant de constater que le travail numérique demande parfois, pour être satisfaisant, d'y apporter artificiellement des imperfections, des salissures.
Cette remarque est, je crois, valable pour l'ensemble des formes numériques d'expression artistique, notamment la musique et a fortiori la peinture.

Étape 5

La phase de finition n'est pas superflue et j'essaie de ne pas la négliger dans la plupart des cas. C'est elle qui apporte les éléments rendant l'illustration plus mystérieuse ou, tout simplement, visuellement plus réussie. D'une manière générale, cette étape se décompose en plusieurs ajouts successifs destinés à réveiller ou à compléter certaines parties de l'image.

Les finitions

La première touche consiste à éclaircir le fond situé derrière le visage de la princesse. Le contraste ainsi créé fera mieux ressortir son profil, assez discret plutôt. Pour cela, je crée à nouveau un calque Aquarelle. J'utilise alors l'outil Décoloré éclaboussures réglé sur une taille relativement importante. En choisissant une couleur très claire (un jaune chaud et moyennement saturé), je réveille cette zone par touches successives. L'outil Éclaboussures est intéressant car il est irrégulier et casse légèrement le rythme des couleurs et des formes présentes à cet endroit. J'applique le même principe sur le haut du corps et le côté droit du drapé. Enfin, pour éviter que les taches nouvellement créées soient trop nettes, je réduis l'opacité du calque pour l'amener aux alentours de 60 %. L'effet est ainsi atténué tout en étant présent.

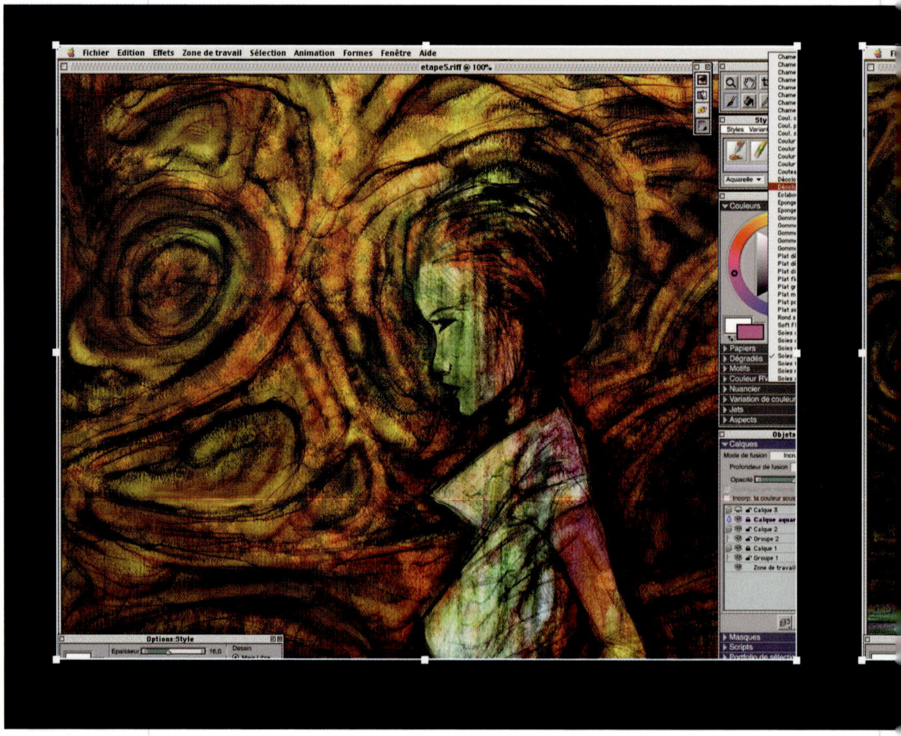

Étape 5

Ensuite, sur un nouveau calque Normal, j'utilise un pinceau (Chameau rond). En sélectionnant un blanc quasiment parfait et une taille de pinceau faible (10 environ), je place quelques reflets sur les cheveux, ainsi que sur le corps, le visage et le drapé. L'utilisation d'un blanc très vif et du pinceau en surimpression est gênante car elle détone avec le reste du traitement graphique de l'illustration. Pour mieux fondre ces traits dans le reste du dessin, je diminue l'opacité non pas du calque mais du pinceau. Chaque trait supplémentaire recouvre donc les précédents et amène plus de relief.

Pour la suite, j'utilise une astuce totalement irréaliste sur le plan traditionnel. Après avoir déposé l'ensemble des calques, je profite d'une fonction intéressante de Painter 7 qui consiste à transformer un calque en une couche Aquarelle. Il est donc possible d'utiliser par la suite les outils Aquarelle sur l'ensemble de l'illustration, indépendamment des calques et des autres outils utilisés précédemment.

Pour atténuer l'ensemble de l'image et apporter à nouveau des imperfections qui rendent le tout plus vivant, je choisis d'utiliser l'outil Décoloré coulure réglé sur une grande taille avec une couleur très claire et peu saturée. J'applique ainsi le pinceau à plusieurs endroits, notamment sur le corps pour faire disparaître la netteté des traits blancs ajoutés. Je complète cette phase par un passage rapide de l'outil Éclaboussures et je reprends très légèrement les cheveux, toujours au pinceau Chameau rond, comme expliqué précédemment.

Enfin, pour fignoler l'ensemble de l'illustration et lui apporter la touche finale, j'exporte l'image vers Photoshop, plus pratique à utiliser que Painter pour ses outils de balance des couleurs, de contraste, etc. J'applique en fait une seule modification en augmentant légèrement le contraste et la lumière de l'illustration. Ma princesse est achevée. ■

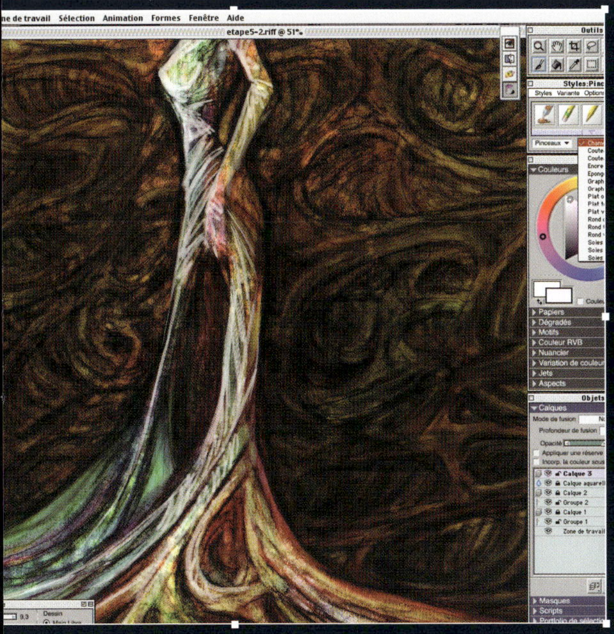

C'est comme une récompense,
un visage offert au bout du voyage,

atelier 04

KATHERINE **HAMON**

Le portrait voyageur

Matériel utilisé

- Scanner AGFA SNAPSCAN 1212 U
- Power PC G3 350 MHz
- Disque dur 60 Go - 448 Mo de RAM
- Écran 17 pouces
- Tablette WACOM Intuos GD 1212 U - stylo sans fil
- Imprimante Epson 1200

Logiciels utilisés

- Photoshop 6
- Painter 7

À partir de photos prises au Niger par mon ami Pascal Delpierre, nous avons décidé d'organiser ensemble une exposition ayant pour thème « la photo-peinture ». L'idée est très simple et revêt le caractère du voyage puisqu'il s'agit effectivement d'aller d'un point à un autre, le point A étant l'œil du photographe et le point B la démarche du peintre. C'est entre ces deux points que la traversée prend tout son sens.

Une photo est « capturée » par le temps ; d'ailleurs ne dit-on pas un « instantané » ? La peinture, en revanche, s'exprime dans la durée. C'est la traduction en images du parcours de l'une à l'autre que j'ai ici tenté de représenter.

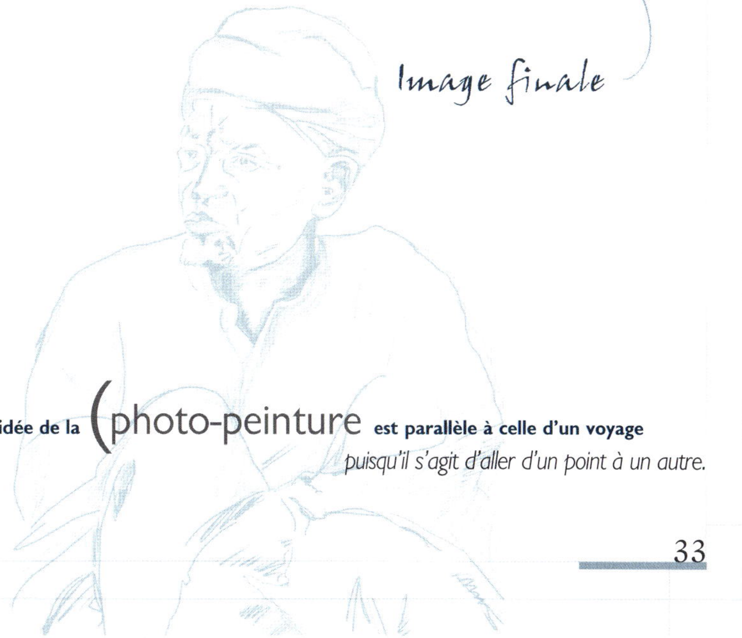

L'idée de la (photo-peinture est parallèle à celle d'un voyage *puisqu'il s'agit d'aller d'un point à un autre.*

Étape 1

Numérisation et corrections

Par quels méandres cette photo va-t-elle parvenir à son dénouement de peinture ? N'ayant aucune restriction concernant l'interprétation, ni limite bridant l'imaginaire, j'ai parfois choisi le parti pris de copier-coller des morceaux de photo, changeant leur échelle pour les juxtaposer et chercher une nouvelle trajectoire.

Découvrir… c'est la résolution du peintre et c'est cette part d'aventure et la prise de risque qui en découle que j'ai voulu mettre en lumière. La photographie m'étant offerte comme source originelle d'inspiration, il me restait à avancer, à oser pas à pas, à conduire ma peinture vers son aboutissement.

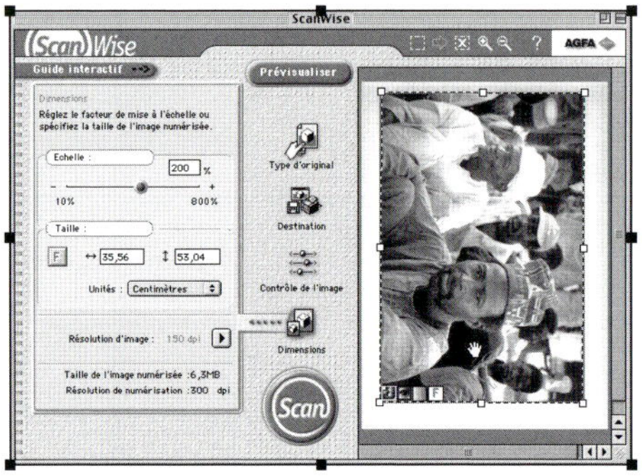

Le projet d'exposition implique des documents d'un poids raisonnable, pour leur maniement dans les programmes, mais avec une résolution suffisante pour une imprimante A3 Epson 1200.

La photographie est l'(image source en niveaux de gris *qui va déterminer les futures vues en couleurs.*

Le voyage commence par une vérification minutieuse de l'image ; c'est en effet l'épreuve originale en niveaux de gris à partir de laquelle vont être créées d'autres vues. Elle doit être débarrassée des petites taches ou rayures qu'elle peut avoir ramassées et visibles à la scannérisation.

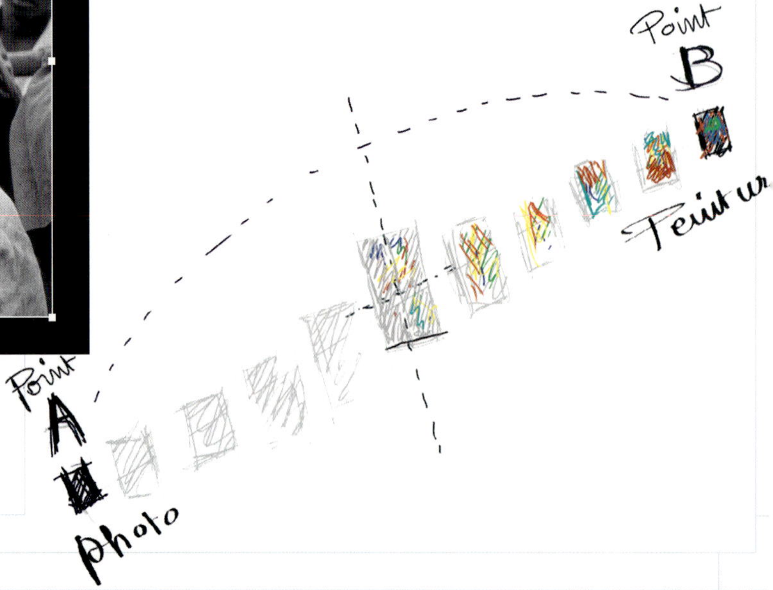

La photo de Pascal analysée en niveaux de gris au format 35 x 53 cm en 150 dpi est sauvegardée au format TIFF dans Photoshop. Tout le début du travail commence en effet avec ce logiciel.

Étape 1

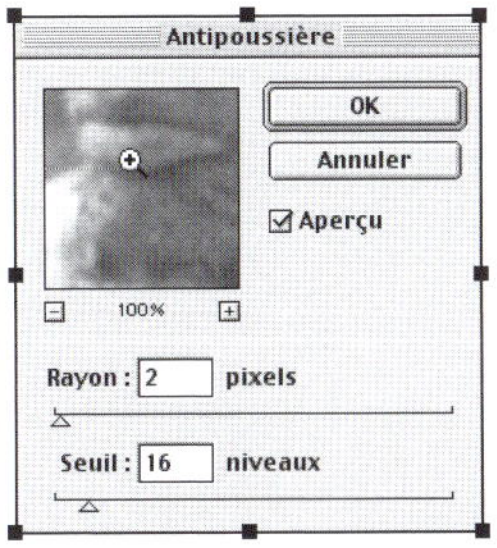

Dépoussiérage

Ma préoccupation première est donc de rendre cette photographie propre et fonctionnelle. Le filtre Antipoussière, avec un rayon de 2 pixels et un seuil à seize niveaux, va permettre d'ôter rapidement les imperfections les plus courantes tout en gardant le maximum de grain sans floutage.

Le (dépoussiérage **va permettre** *d'ôter rapidement les imperfections les plus courantes sans floutage.*

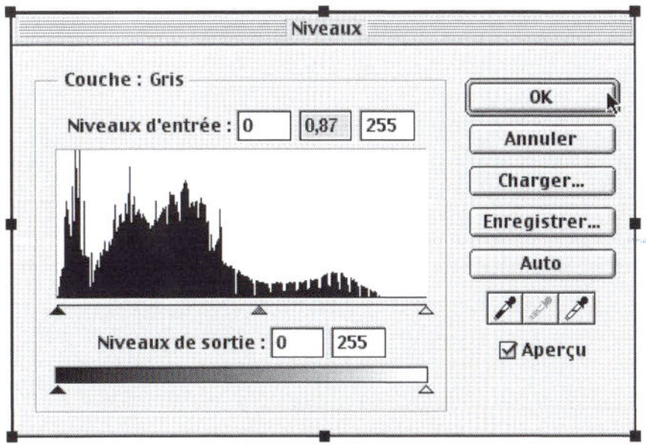

Niveaux

Il me reste à vérifier les gris, c'est-à-dire les niveaux des nuances de gris par rapport au blanc d'un côté, puis au noir de l'autre. J'ouvre un calque de réglages Niveaux lié au calque précédent.

Il s'agit de ne pas altérer l'image source.

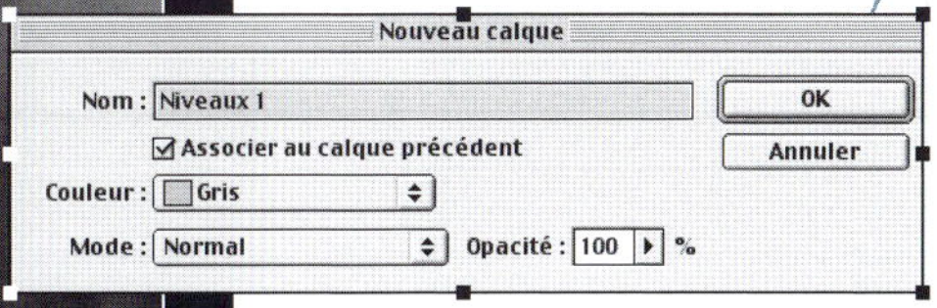

En cochant l'option des gris, je peux régler uniquement leur niveau sans aucune action du blanc et du noir. ■

Donner à la retouche la priorité au grain permet de garder l'aspect de douceur aux demi-teintes.

Je termine la chasse aux imperfections les plus tenaces avec l'outil Tampon calibré à 75 % d'opacité.

Étape 2

La distorsion

Il s'agit ici de chercher différents looks pour l'image, oser la tordre, la passer à la moulinette de différents outils pour avancer vers la peinture. La première phase consiste à lui donner une nouvelle palette de gris par l'entremise d'une courbe de transfert de dégradé.

Style Produit

Courbe de transfert

Je règle ensuite mes niveaux TSL, Teinte, Saturation et Luminosité, et je fusionne enfin les deux calques après avoir choisi un style Produit pour le premier.

La lumière étant au centre, elle permet de restructurer le contour des silhouettes et d'accentuer le clair-obscur du visage qui m'intéresse. Je conserve ce calque et reviens à la photo initiale. En restant dans mes options de dégradés, je crée une distorsion sur les pixels en cochant la proposition « Bruit » tout en jouant avec une cassure à 58 %.

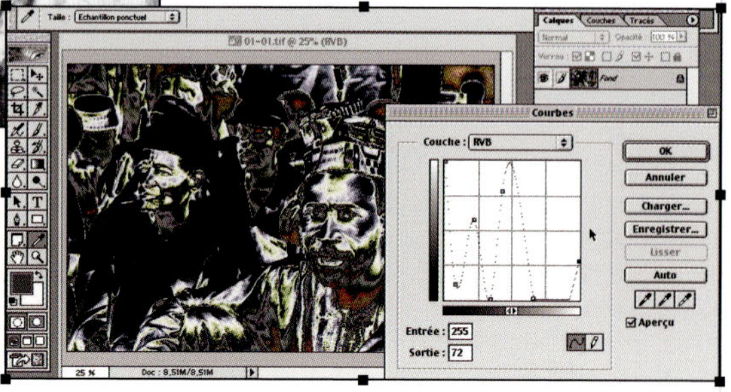

Le module Courbes

En passant en CMJN, la photo quitte maintenant l'univers du gris. J'interviens directement sur chacune des couches Cyan, Magenta, Jaune et Noir afin d'obtenir une distorsion de l'image. Le module Courbes provoque alors l'apparition de ces couleurs au-travers du gris par le truchement de quelques points de distorsion. ■

Distorsion des pixels avec « Bruit »

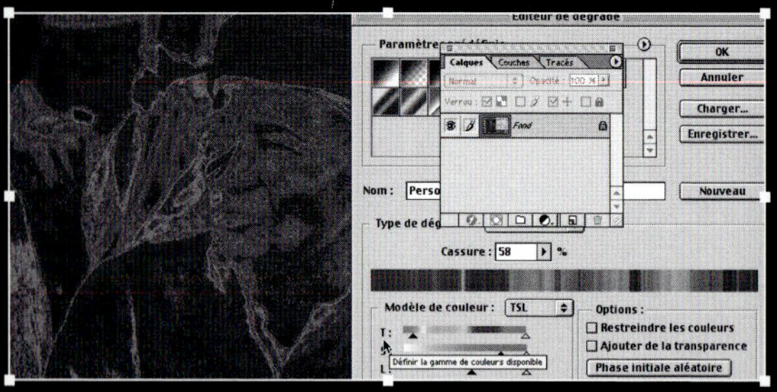

Seul le changement du mode Niveaux de gris en mode CMJN va permettre de créer dans les courbes ces mélanges des gris avec la couche composite des couleurs.

Étape 3

Le recadrage… une bonne résolution

Le document original représente une fresque d'hommes du Niger, assis. Ils semblent en attente.

Après l'avoir regardé de plus près, pour percevoir l'ambiance de cette assemblée, c'est le visage de l'homme à droite du personnage principal qui attire mon attention. Son attitude empreinte à la fois de présence et d'une certaine distance me conduit d'emblée à le reconnaître comme modèle.
L'outil de recadrage va permettre d'obtenir le maximum de surface d'image pour la sortie A3, soit 26 x 27 cm en 300 ppi de résolution.

Monter la résolution de l'image ne pose pas de problème dans la mesure où les pixels de la photo vont être recouverts par des matières, des distorsions et des couleurs. Dans certains de mes travaux, je commence en 72 ppi de résolution puis, à un certain stade de ma peinture, j'augmente la résolution de l'image.

Je vais maintenant pouvoir déterminer comment vont s'opérer les différentes transformations de ma photo prête à plonger dans les couleurs. ■

Changer la couleur de prévisualisation, ici en rouge sur l'outil de recadrage, augmente sensiblement le confort visuel, surtout quand les tons sont assez sombres.

La (résolution d'une image *est interdépendante de ses mesures.*

Étape 4

Le fond et la forme

Avec cette étape commence réellement le travail avec Painter. Pour cette première mutation, le module vectoriel va me permettre d'exécuter une sélection rapide du visage et de la mémoriser en masque.
Dans un premier temps, je commence le détourage avec l'outil Plume que je paramètre dans Shape>Set shape attibutes.

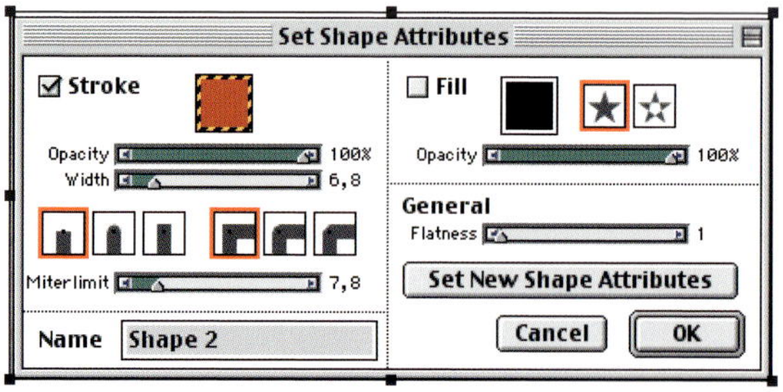

Choisir une couleur de tracé bien vive, sans transparence, à 100 % d'opacité, donne un confort de travail idéal. De même, la visualisation de ce tracé (d'épaisseur portée ici à 6,8) me permet un travail en précision.

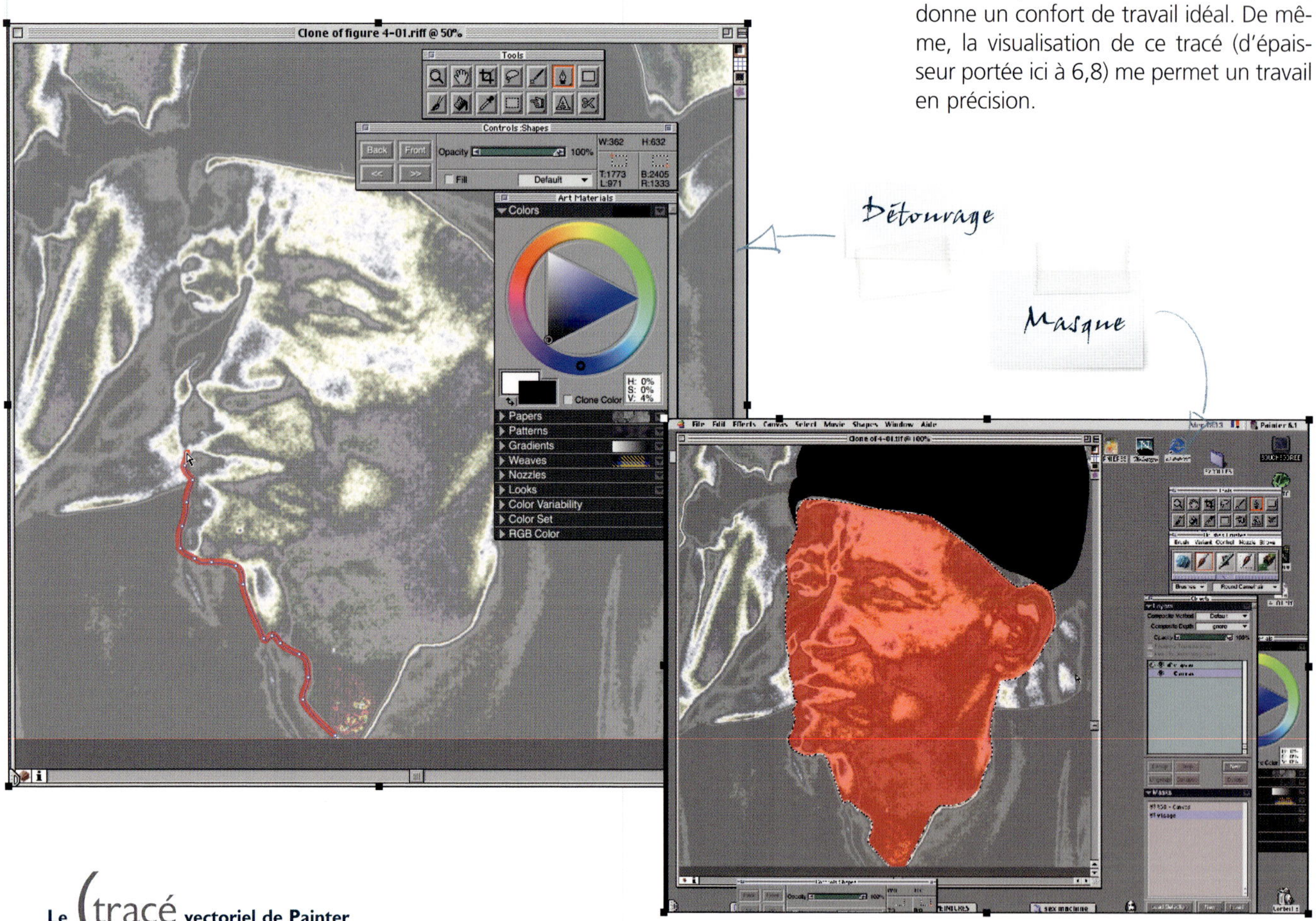

Le (tracé vectoriel de Painter

comporte un réglage très utile de transparence de 0 à 100 %.

Dans un second temps, j'enregistre cette sélection, visible à présent en rouge dans la palette Objects > Masks.

Une retouche de précision s'impose à présent ; elle concerne l'aspect de ma sélection dans le calque qui lui correspond. À cet effet, je quitte la couche RVB et travaille sur le calque du masque en noir et blanc intitulé « Visage ».

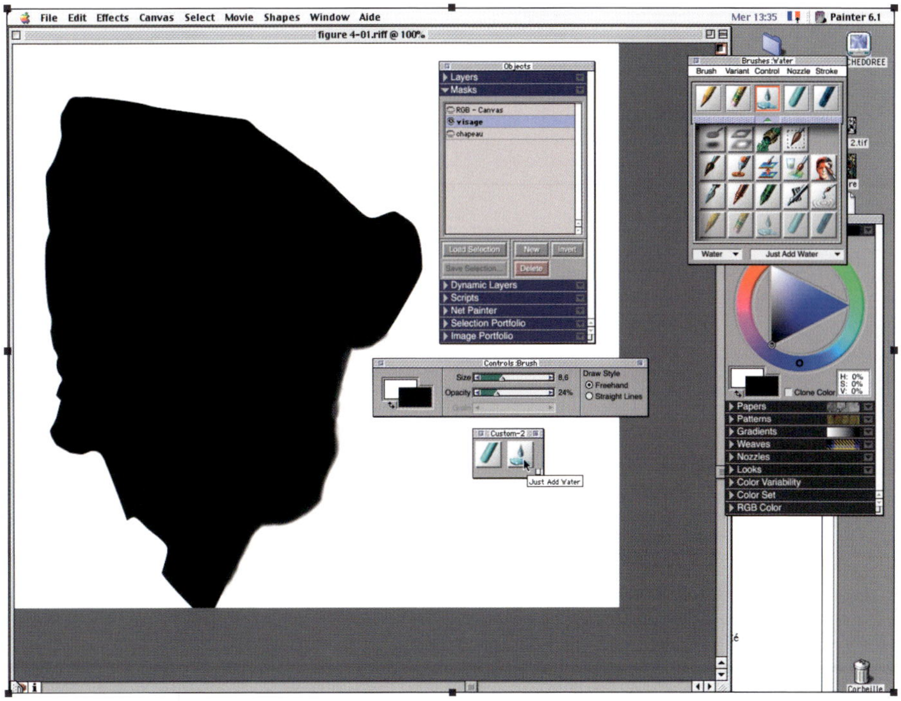

L'aspect des bords de cette sélection (masque) ne doit pas être défini par rapport au fond mais plutôt diffus... comme évanescent.

Je récupère ensuite ma sélection ; active, elle donne toute latitude de créer une transformation des pixels par un effet maximum de luminosité entre les blancs et les noirs. Dans Effects > Surface control > Using image luminance, je choisis « effet 200 % ». Le pourtour des dessins, plus contrasté et accentué au niveau du relief, laisse alors surgir une matière un peu épaisse, proche de la peinture. La fonction Intervertir, dans Surface control, permet le choix alternatif des pleins et des creux.

À l'aide du masque, c'est un jeu d'enfant de peindre à l'intérieur de la forme sans en altérer le fond, ou, en inversant la sélection, de jouer sur le fond sans que le visage soit physiquement concerné. ■

L'effet « image luminance » donne du relief à la matière, telle une pâte.

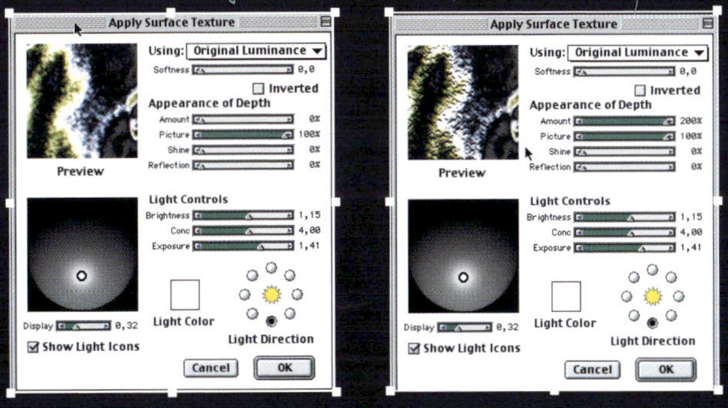

Afin de donner un effet « matière » à la photo pour qu'elle se transforme énergiquement, on choisira ici d'exagérer au plus haut point la luminance sur l'ensemble des pixels sans toutefois changer l'orientation des lumières ni adjoindre de brillance.

Étape 5

Du sable sur les pixels

Ma photo est devant moi, mais, déjà transformée, elle est un peu peinture. Je m'apprête à en être à la fois le couturier, le tissu et les ciseaux qui vont couper dans le vif de l'image la matière numérique.

Ces patterns sont enregistrés en taille réelle à 100 %, aux mêmes dimensions que l'image.

On peut les travailler aussi sur des calques distincts pour tester différentes vues tout en conservant l'image du fond. Sur chaque calque, on cherche des transformations, des textures, etc., puis on joue avec tous ces calques pour recréer une image en dupliquant les sélections et en les transformant en objet.

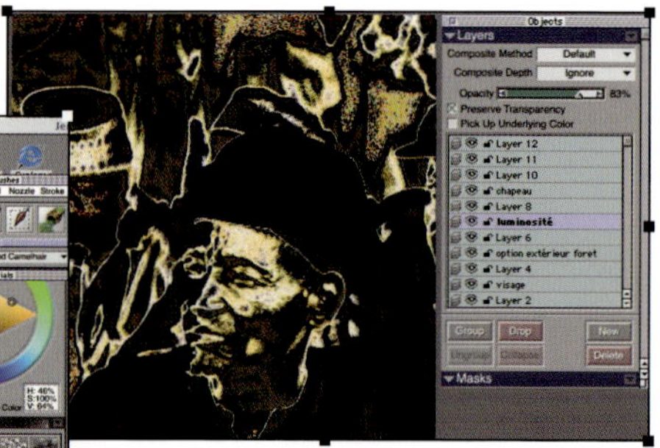

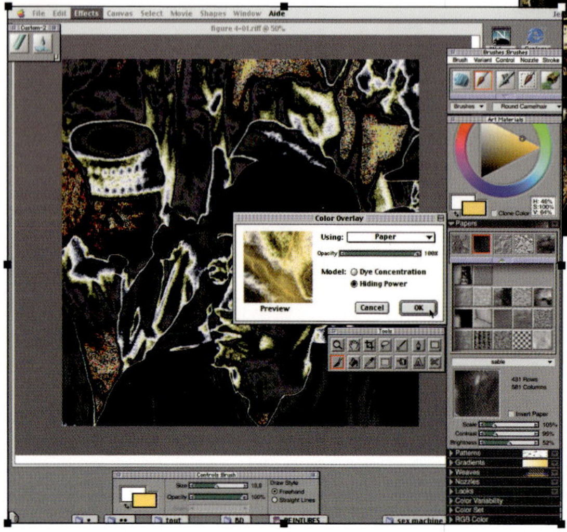

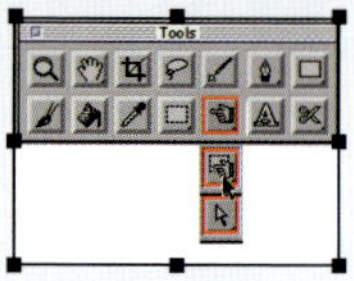

Pour créer un objet, sélectionner une portion d'image et cliquer au centre de la surface avec la première icône Sélection objet de la mini-palette des outils Surface control.

Avec une texture de sable qui s'étire sur une plage, capturée dans un appareil numérique, on peut opérer quelques mutations sur une peinture. Il suffit de la glisser dans la bibliothèque de papiers pour pouvoir être réutilisée à n'importe quel moment. Par exemple en insérant dans le menu Effects > Surface control > Color overlay une nuance jaune orangée. La fonction Hiding power est cochée et permet à la teinte de couvrir le papier en superposition sur les tons foncés et sur le noir.

J'ai parfois coutume, à partir d'un pattern lui aussi capturé dans une bibliothèque, d'intégrer mes textures dans le fichier source à l'aide d'un pinceau Soft cloner dont je peux régler l'intensité d'opacité très finement, à chaque coup de pinceau.

Une texture d'origine doit être placée dans une bibliothèque soit de papiers, soit de patterns, par l'intermédiaire d'une capture en sélection. Elle pourra ainsi être utilisée de bien des façons, par exemple pour créer une mosaïque à partir d'un pattern, ou pour peindre avec un Pattern pen, c'est-à-dire peindre la photo avec le mouvement du pinceau. ■

Étape 6

Le Clone et la recherche…

Il est facile de s'égarer dans le domaine de la création. Tout artiste est confronté à cette sensation de l'éphémère. L'architecte ou le dessinateur de BD peuvent s'aider de feuilles de papier calque pour travailler. Dans Painter, c'est le Clone qui intervient. Je clone le document dans le menu File. J'efface le fond à l'aide du rectangle de sélection, puis j'active le Tracing paper qui laisse apparaître l'image source en transparence.

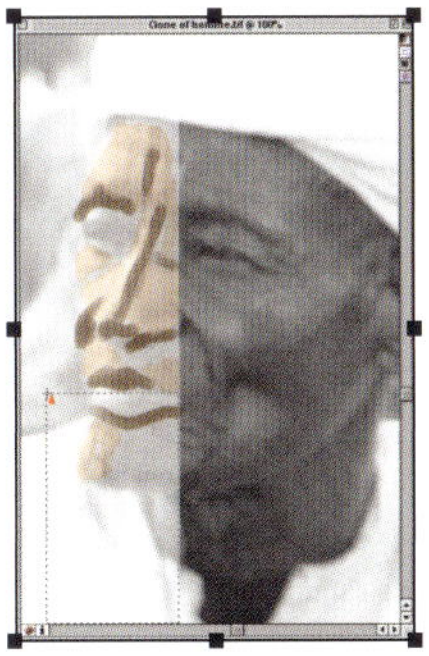

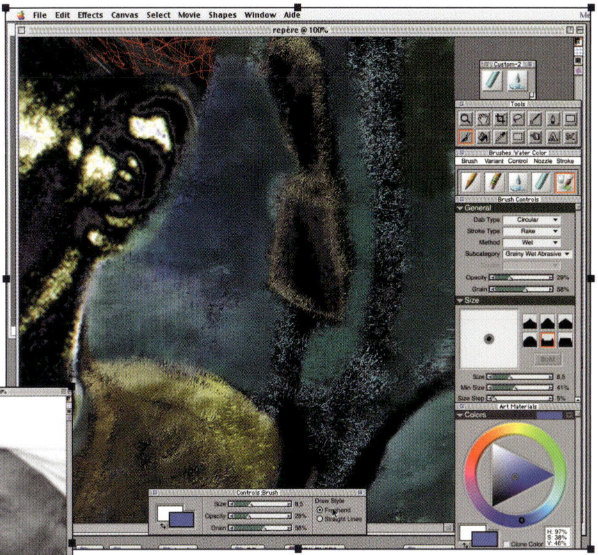

Il est bien sûr possible de poser une première texture dans un endroit de la peinture, et une seconde ailleurs.

Je règle alors (> Ctrl5), dans le menu Window > Show brushes, le pinceau Aquarelle > Water color à ma main (dimension, opacité) et je peins.

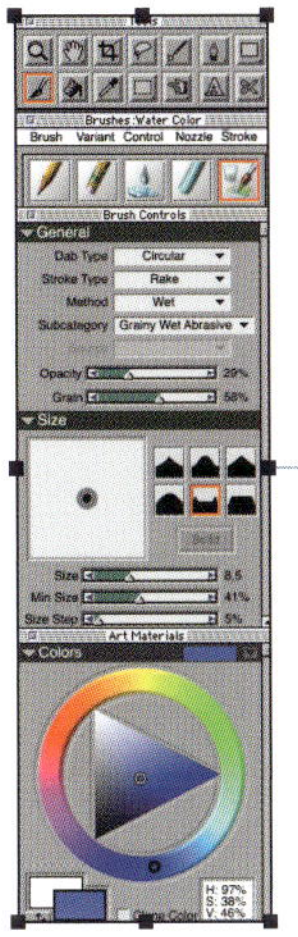

Je choisis ici le réglage Grainy wet abrasive dans la palette de contrôle des pinceaux.

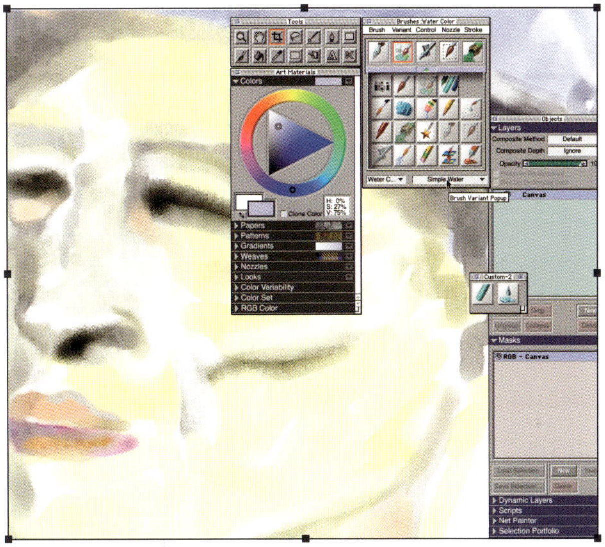

Comme une aquarelle traditionnelle, elle doit maintenant sécher ; je passe donc par le menu Canvas > Dry avant de l'enregistrer.

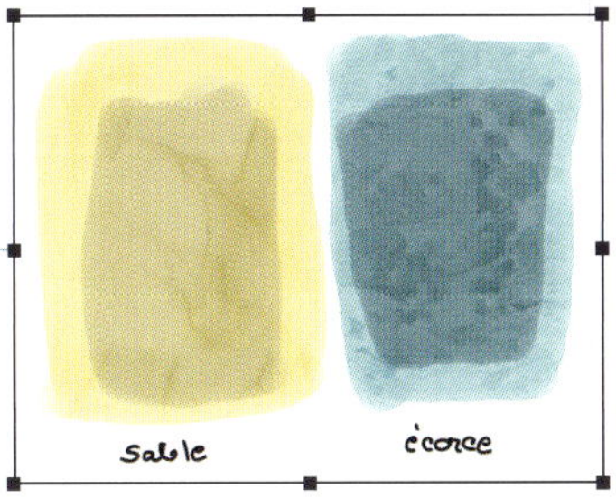

On ne peut que constater la relation directe de cet outil avec la texture du papier qui nous intéresse.

Attention au redimensionnement des pinceaux. Leur réglage est très subtil et les utiliser sans en comprendre la fabrication peut nuire à la souplesse du programme.

Étape 7

Comme en peinture traditionnelle, le risque de perdre son travail existe ; il suffit ici d'un problème d'ordinateur...

Peindre une photo

On peut faire bouger la matière dans toutes les directions avec le pinceau Liquid ou le pinceau Brushes > Liquid > Coarse distorto, que je préfère car il intègre dans le mouvement l'encrage de la couleur de premier plan. Avec le densitomètre pour choisir les teintes et le pinceau liquide, on brise la pixellisation de la photo qui prend alors un aspect « peinture » assez convaincant.

Avec le (pinceau liquide on bouge la matière *de la photo tout en mélangeant ses couleurs.*

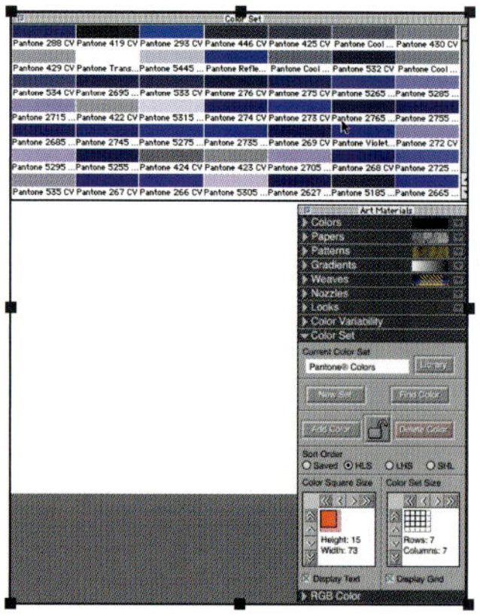

Palette de pantone

Le fichier sera sauvegardé en TIFF pour l'impression. À la gamme de couleurs du nuancier par défaut, je préfère la palette de pantone redimensionnée à ma main pour visualiser ces couleurs sous forme de godets de nuances répertoriés selon leur teinte, leur luminosité ou la saturation. La librairie des nuanciers est accessible dans Art matérial > Color set > Pantone colors.

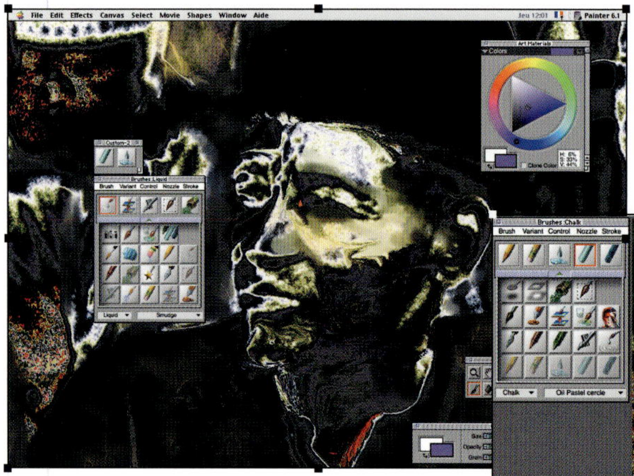

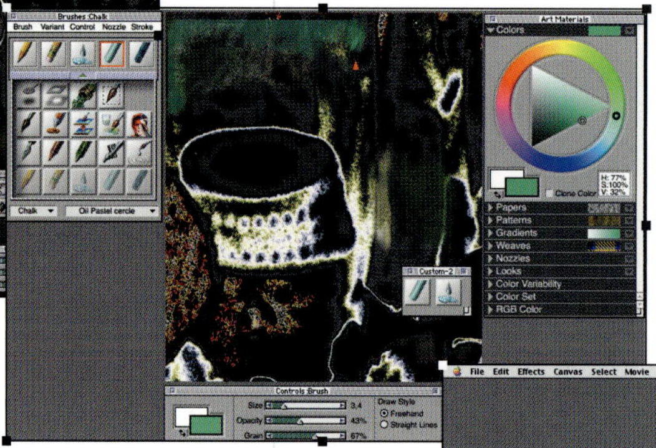

Comme à la main, je fais pivoter le document pour travailler commodément avec la palette graphique.

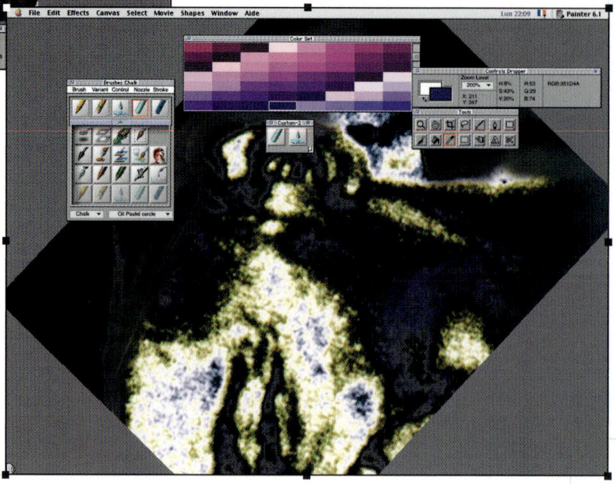

Par copier-coller successifs, je regroupe différentes sélections objets sur le fond original. Elles y seront diluées avec l'outil Brushes > Water > Just add water.

Une fois les calques choisis et l'image aplatie, je ne travaille que sur le fond. Je garde la possibilité de rappeler à tout moment les sélections masques pour y travailler à l'intérieur ou à l'extérieur, comme avec le système du pochoir traditionnel.

Étape 8

Pastels, huiles et dilutions

J'affectionne particulièrement l'estompe et les pastels et je n'hésite pas à en fabriquer quelques séries pour exécuter certaines portions d'image.

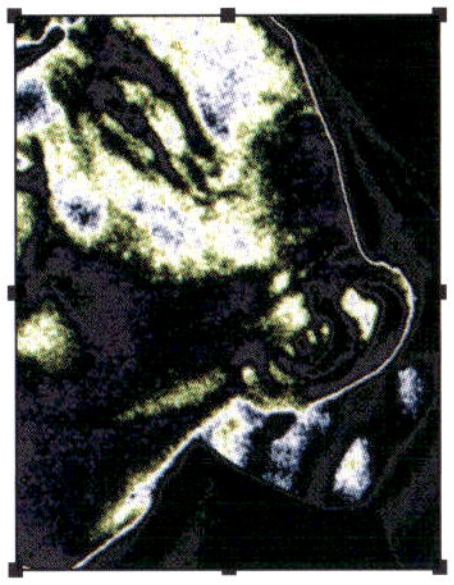

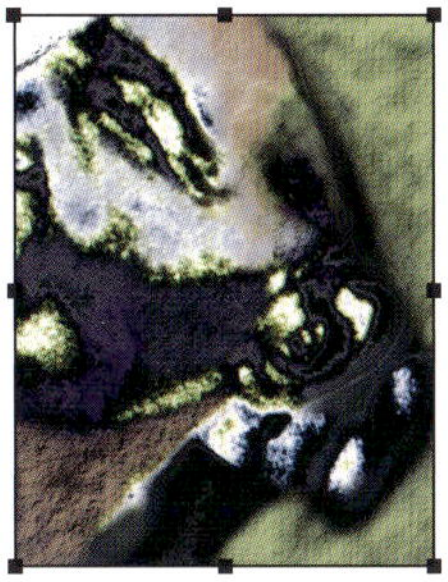

Je teste plusieurs versions de ma peinture avant de choisir son orientation ; avant d'aborder ce nouveau portrait, j'essaye mon pinceau dans le module Look designer où je peux lui adjoindre l'effet « étalement » avant de le ranger dans ma bibliothèque.

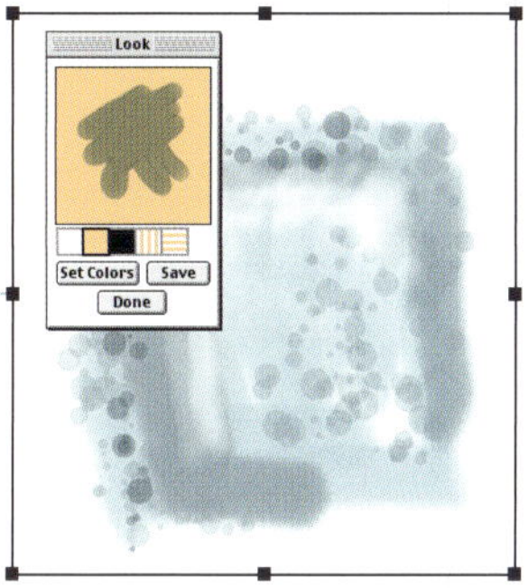

J'obtiens ainsi un effet de traces des plus satisfaisants.

La palette graphique est l'équivalent du synthétiseur en musique. Que l'on fabrique un pinceau ou un son, leur application mène à la créativité.

Il n'y a aucune contrainte dans la peinture. Elle existe par ce qu'elle dégage.

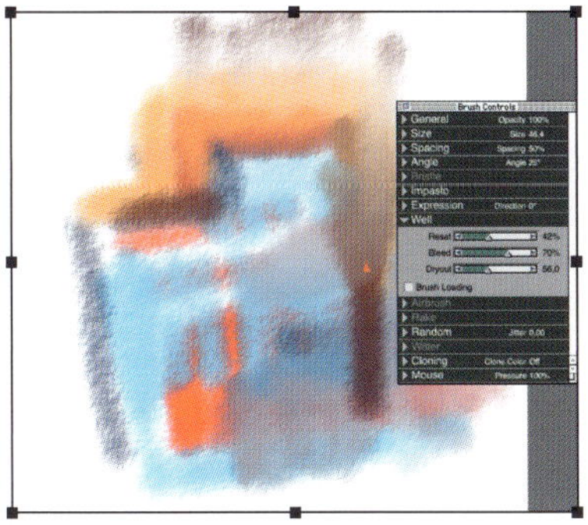

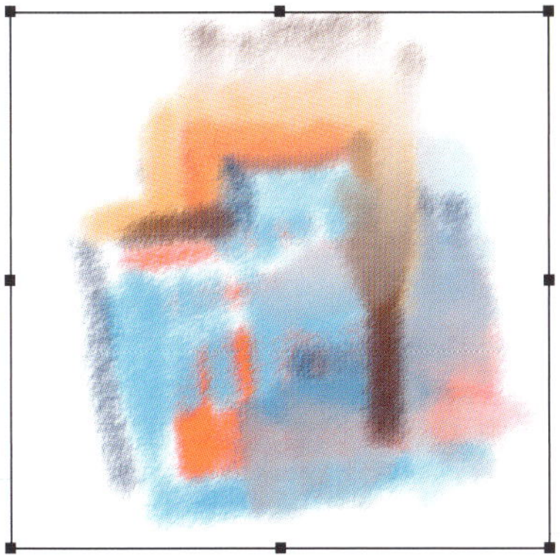

Les mélanges des couleurs sont spectaculaires. Il suffit de leur adjoindre quelques réglages avant de les mémoriser comme variantes. La fonction Well de la palette Contrôle brush permet d'intervenir sur l'équilibre des trois curseurs responsables du mélange de la teinte par sa saturation ou sa redéposition face aux couleurs adjacentes.

Au cœur d'elle-même, la peinture
possède ce lien qui l'unit au prisme
précieux des couleurs réfléchissant dans
la lumière comme autant d'harmonies
musicales. Elle appartient bien sûr
au peintre qui la fait naître,
mais aussi au rêve dont elle est issue.
Le peintre est entre le ciel et la terre.
Il donne au réel ses rêves en couleurs.

atelier 05

KATHERINE HAMON

Matériel utilisé

- Scanner AGFA SNAPSCAN 1212 U
- Power PC G3 350 MHz
- Disque dur 60 Go - 448 Mo de RAM
- Écran 17 pouces
- Tablette WACOM Intuos GD 1212 U - stylo sans fil
- Imprimante Epson 1200

Logiciel utilisé

- Painter 7

La vie en rouge

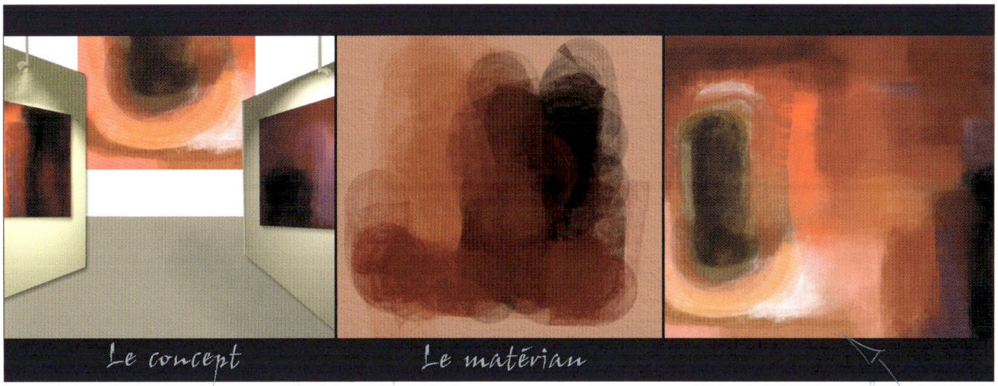

Image finale

La vie en rouge est le titre d'un concept d'exposition ayant pour thème une peinture à la fois unique et multiple, nommée *Appartenances*.

Le titre de l'œuvre évoque en lui-même la profondeur, la notion du lieu et de l'espace pour qui a le sentiment d'appartenir à quelqu'un ou à quelque chose, en admettant que ce quelqu'un ou ce quelque chose puisse lui appartenir. Comme une statuette précolombienne a sa peuplade qui la divinise peut devenir en un instant la propriété d'un individu et lui appartenir en propre.

Le « concept » est aussi (créativité. J'ai voulu dans cet atelier *être le metteur en scène de ma peinture.*

Étape 1

Les préliminaires

Dessine-moi un mouton... En 2002, *Le petit Prince* est toujours sur sa planète mais il a fait quelques bonds en avant. Le mouton est toujours dessiné à la main mais au travers d'un écran d'ordinateur. Le peintre est aussi devenu informaticien. Certes, les contraintes et les limites sont différentes en peinture traditionnelle et en peinture numérique, car, par exemple, tourner une toile de 4 m sera beaucoup plus éreintant physiquement que de faire pivoter son document dans un logiciel. Par ailleurs, s'il faut respecter le temps de séchage pour les huiles et pigments, les siccatifs et des diluants quand on peint à la main, sur la machine, en revanche, on ne rencontre aucune limitation de ce genre...

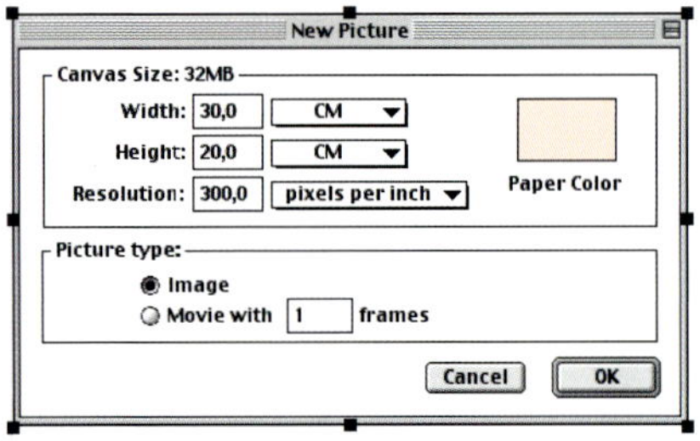

Ce premier mouvement enregistré sera tout d'abord la dimension du châssis et donc, sur mon écran, la taille de mon document. File>New >20x20/300 per inch (résolution d'image à 300 points par pouces).

Quand je commence à peindre sur ma palette graphique, j'enregistre un « script » dans le menu Window>Objects, c'est-à-dire une mémorisation de tous mes mouvements. Je laisse tourner l'enregistrement... exactement comme un magnétophone pour un musicien qui s'apprête à jouer.

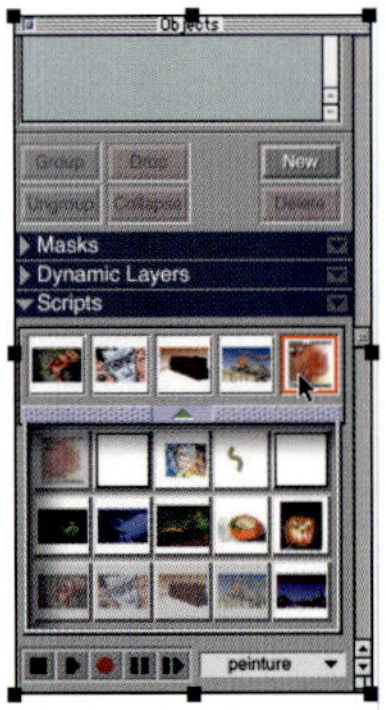

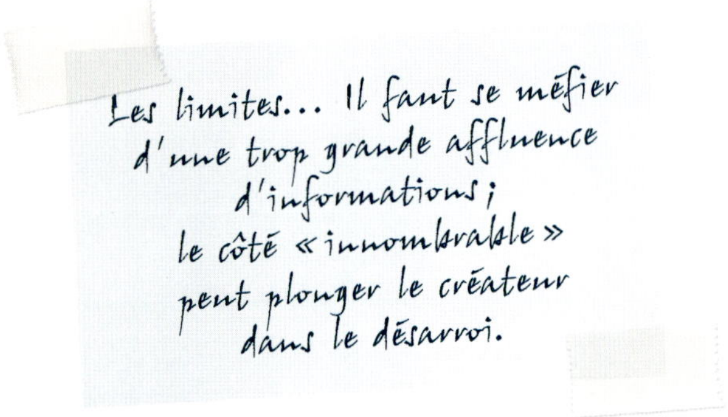

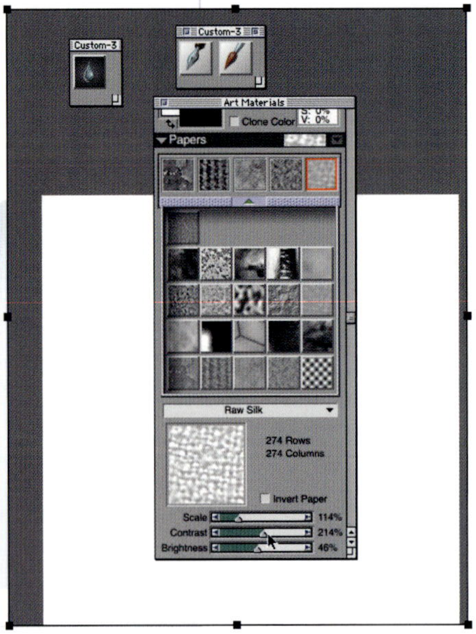

J'ai la possibilité dans Painter de choisir n'importe quelle couleur de papier au départ mais, finalement, je choisis de rester avec un fond blanc où surnage un peu de texture, comme sur une vraie toile blanchie passée au papier de verre. ■

Étape 2

La toile de fond

Le grain de la toile sera fonction de l'échelle du grain de papier. Il est donc important de faire quelques essais avant l'application définitive sur fond blanc.

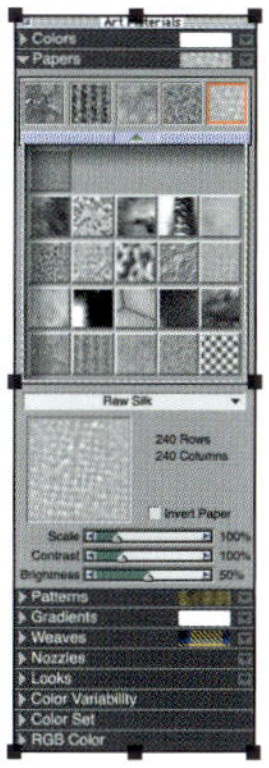

Les toiles encollées au Blanc de Meudon ont un aspect un peu particulier sur les gros grains lorsqu'on se contente d'un badigeon assez grégaire. Désirant recréer cet effet sur l'ordinateur, je choisis dans ma bibliothèque de textures une texture de trame Art Materials>Papers>Silk raw. Je la retravaille un peu au niveau du contraste de la luminosité de l'effet Brightness (50 %) et de son échelle (Scale 100 %).

Je la place ensuite sur mon document (Effects>Surface control). J'obtiens une fenêtre intitulée Apply surface texture>Papers dans laquelle je règle à trois heures et quart l'horloge d'orientation des lumières pour obtenir l'apparence de texture voulue.

Je précise un pourcentage assez bas sur cet effet Paper>Amount (59%) de manière à suggérer seulement la matière pour pouvoir ensuite la recouvrir de couleurs, exactement comme sur une toile. Le paramètre Picture reste à 100 % pour garder le maximum de clarté, et le paramètre Shine à 0 % pour conserver un aspect mat sur les reliefs et les creux.

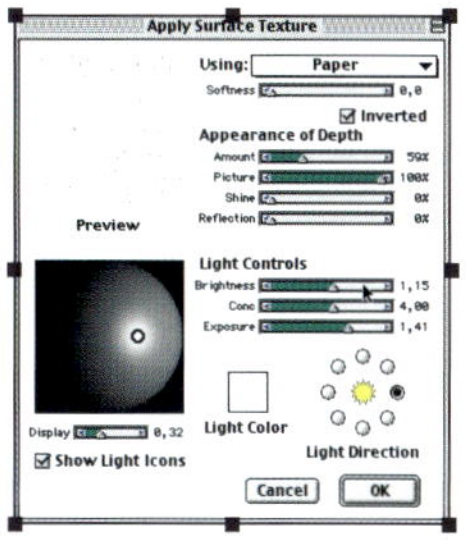

La fonction Inverted est cochée et effectue donc, par définition, l'inversion des pleins et des vides par rapport au blanc et au noir des pixels.

J'applique la texture Apply texture sur ma toile de fond, sur laquelle je badigeonne ensuite une première couche de couleur grâce au pinceau Brushes>Pattern Pen.

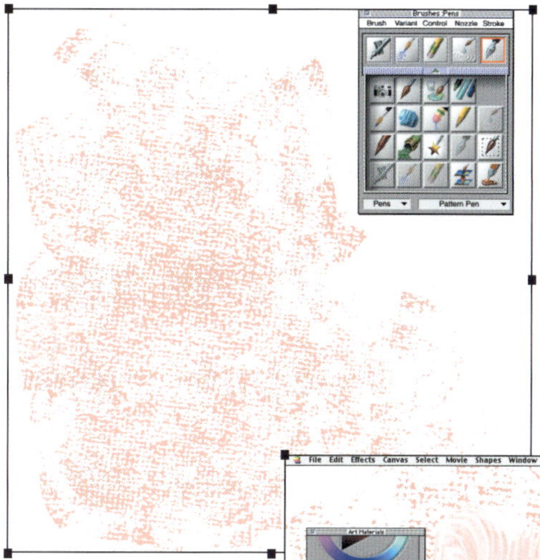

En jouant sur l'effet crayeux du pinceau par rapport au grain de papier, je peux commencer à étaler cette matière avec un couteau Brushes>Dry Brush. ■

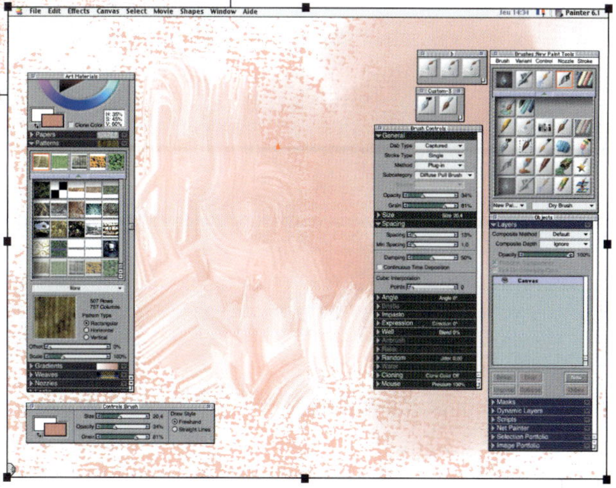

On peut stocker une quantité de textures dans les bibliothèques du programme. Lors de ces sauvegardes, ne pas oublier l'impact de la résolution si l'on joue sur l'échelle du grain de papier. Dans le cas d'une mise à l'échelle importante, et si la résolution est insuffisante, il y aura forcément un effet de floutage.

Étape 3

Les palettes de couleurs

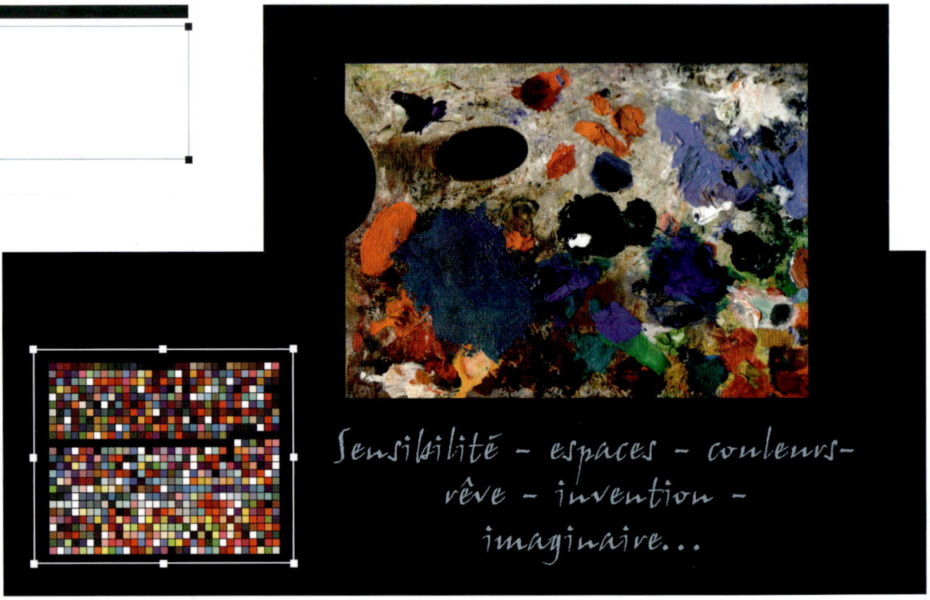

C'est un vrai plaisir de créer sa palette de couleurs personnalisée, de faire le choix de ses teintes et les étaler sur le bois.

Pour en composer une nouvelle dans Painter, je me suis inspirée d'un livre sur la colorimétrie. En entrant leurs paramètres en pourcentages quadrichromiques cyan, magenta, jaune et noir, j'édite le répertoire de mes teintes préférentielles.

Je l'enregistre dans mon dossier Nuanciers afin de pouvoir l'utiliser à tout moment, au même titre qu'un nuancier Pantone.

La palette est créée automatiquement par un cliquer-glisser de l'icône du pinceau sur le document.

Je lui adjoins d'autres outils, un papier, un effet, un autre pinceau, puis je leur donne un nom (Window>Custom palette>Organizer).

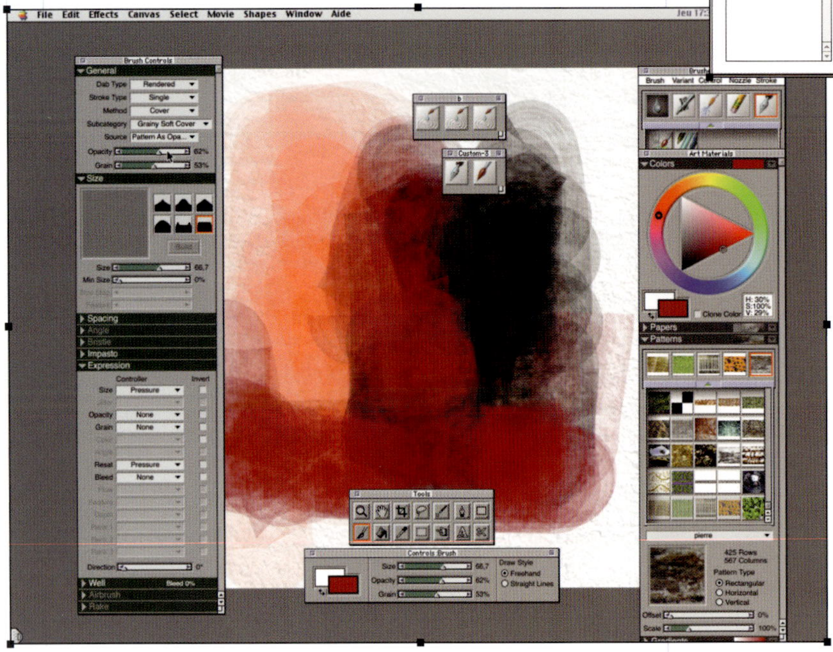

La configuration idéale serait de disposer de deux écrans : un écran 20 pouces pour avoir le document en taille réelle et un plus petit, à droite, pour manier toutes les palettes qui sont très nombreuses dans ce programme et néanmoins nécessaires. Toutefois, une manœuvre existe qui consiste à camoufler les blocs fenêtres et le bureau afin de travailler au centre de l'écran sans être encombré : Window>Screen mode toggle. ■

Avant de déployer la grande batterie des palettes d'outils, je confectionne dans mon atelier quelques palettes de pinceaux pour la suite du travail.

Se confectionner une palette peut paraître quelque peu fastidieux... Mais, par la suite, elle représente un acquis non négligeable pour effectuer des travaux qui vont revêtir ainsi un aspect beaucoup plus personnel.

Étape 4

Des pinceaux qui inspirent

La fabrication d'un pinceau peut être le déclencheur d'une étape soudaine en peinture. La sensibilité qu'il dégage incite à peindre « d'une certaine façon », à entrer dans un nouvel espace à explorer. Pour être plus précise, c'est surtout la joie de la découverte qui fait que l'on poursuit le rêve dans les moindres interstices de la toile... jusqu'à la nuit tombante.

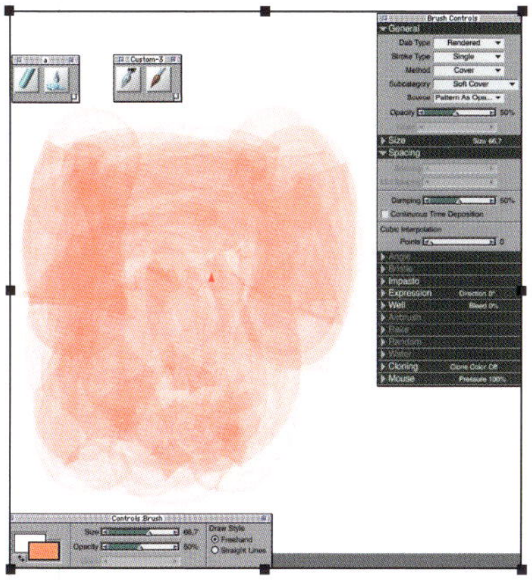

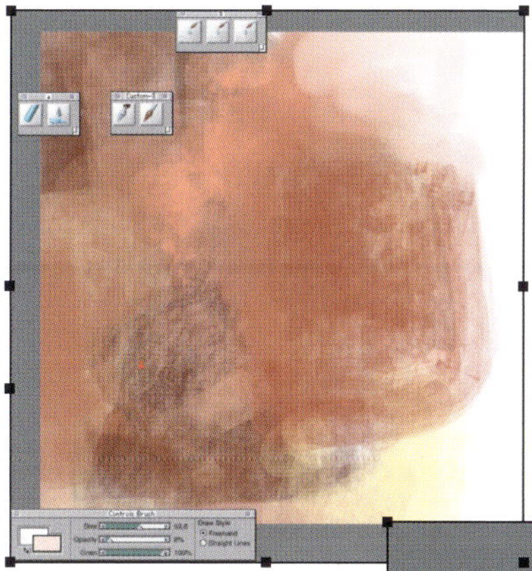

Le peintre utilise toutes sortes d'outils pour tester sa peinture : des éponges, des chiffons et des brosses étranges qu'il se fabrique parfois juste pour provoquer son inspiration. Dans ce logiciel, le chercheur sera souvent surpris de la puissance des réglages des pinceaux qu'il fabrique, jusque dans la sensibilité de leurs ajustements.

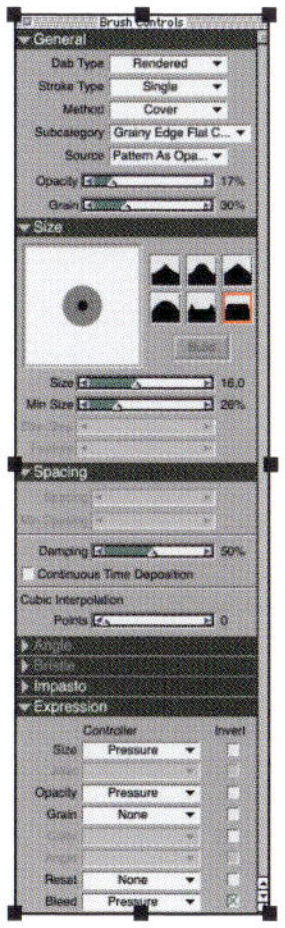

Il lui suffira ensuite de les sauvegarder en leur donnant le nom « Peinture » dans Brushes>Save variant.

Le stylo digital et sans fil de la palette graphique peut alors faire son office jusque dans plus de ses 1000 niveaux de pression. C'est lui l'instrument du rêve. ■

LA FORME :
ronde, en biseau – Brush controls>Size

LA DENSITÉ :
souple ou ferme – Brush>Size

LES POILS :
quantité et espace – Brush controls>Bristle

LES EFFETS :
brûlage, dilluant, aquarelle, pastels
Brush controls>General>Method>Subcategory.

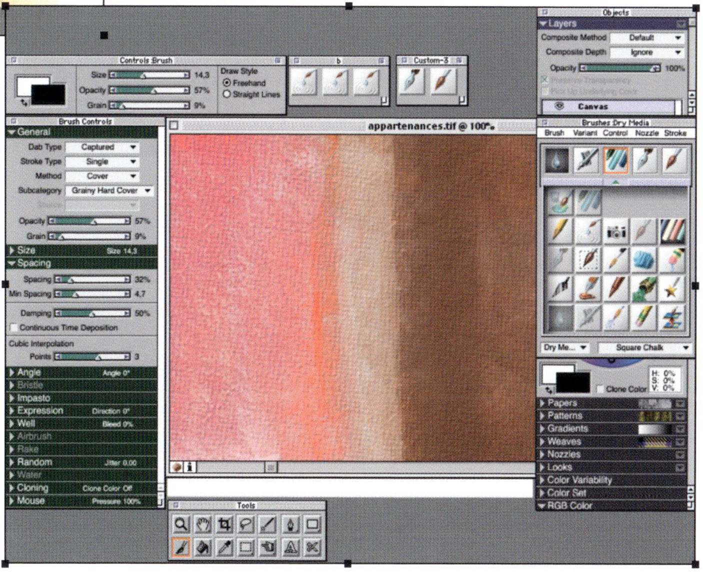

Étape 5

La couleur « rouge garance »

Les couleurs sont-elles comme le vin des (dieux les couleurs des cieux ?

Leurs noms si évocateurs semblent aussi venir du rêve : bleu de cérule, jaune de Naples, rose de Smyrne...

Dans la gamme des rouges, j'ai choisi des harmonies du rose au blanc, vers les bruns, les jaunes et les bleus, en additionnant ou en retirant des portions de couleurs et les combinant entre elles par des mélanges et des dilutions de mon pinceau Brush controls>Well.

En général, je n'utilise pas de calque ; la totalité du travail s'effectue directement sur le fond de la page. La part de risque est nécessaire en peinture...

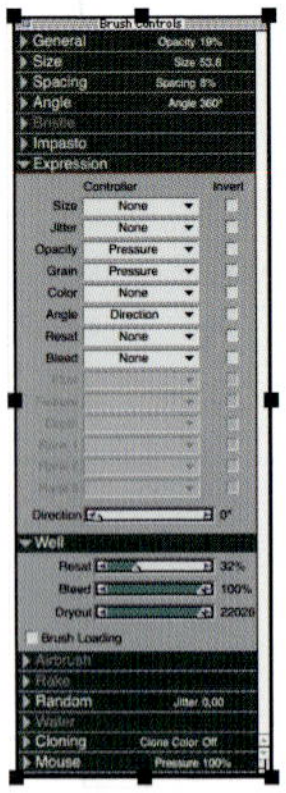

Les options de ce sous-menu me permettent (Bleed 100 %) des mélanges de teintes plus ou moins saturées (Resat 32 %) en encre maxi (Dry out 100 %).

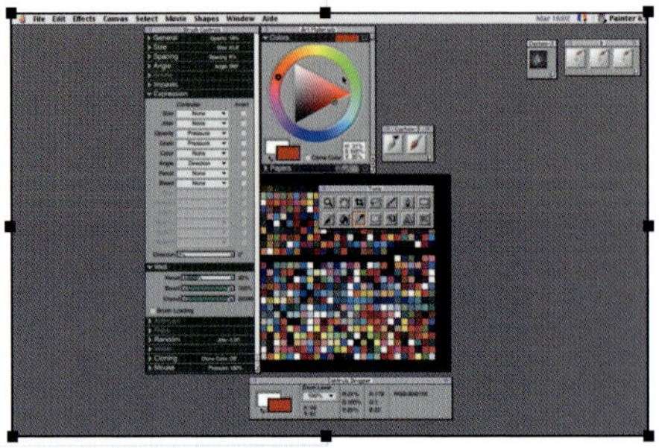

Je continue le tableau dans sa progression après un choix supplémentaire sur mon pinceau pattern d'un certain nombre d'effets : Brush controls>Expression. Après différents essais, je coche la taille, l'opacité et le mélange par rapport à la pression (Size>Opacity>Bleed) sans avoir de grain (Grain>None). ■

Étape 6

Les espaces

À un certain moment d'évolution de ma peinture, j'ouvre un espace autour d'elle sur l'un des quatre points cardinaux (Canvas>Canvas size).

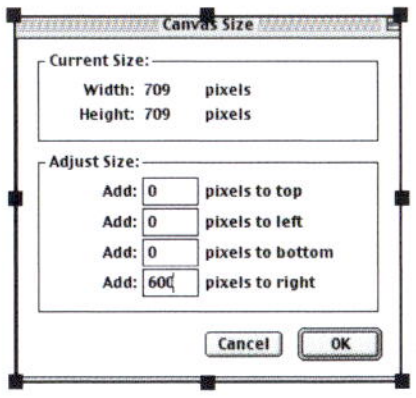

Ce peut être en bas ou à droite, tout dépend de l'inspiration du moment…

J'ouvre ainsi une zone délimitée à 600 pixels à droite du document, puis je colore la zone délimitée en pixels avec une nuance choisie au plus proche de la gamme en cours. Pour cela, je clique sur la surface, à l'aide de la pipette de reconnaissance des couleurs ou du densitomètre Window>Tools>Dropper, l'harmonie que je choisis d'explorer. Pour remplir l'espace ainsi créé avec la teinte choisie, un bleu-gris foncé, il me suffit de changer d'outil et de sélectionner le pot de peinture de cette même palette d'outils. Pour conclure cette opération, il me reste à mélanger à nouveau les couleurs entre elles pour pouvoir construire de nouvelles « atmosphères » colorées, susceptibles, elles aussi, à un moment donné, d'être additionnées ou retranchées de leurs voisines. Cela me donne l'impression d'entrer dans une teinte unie, bleu foncé, que je mêle ensuite à mes autres couleurs afin de construire un nouvel espace.

Je répète ce procédé en changeant de gamme de couleurs jusqu'à trouver l'équilibre et l'harmonie du tableau.

Ma peinture est maintenant terminée. J'arrête l'enregistrement en sauvegardant mon script (Object>Script) sous le nom « Peinture ».

En jouant le play-back, je peux repasser tous mes mouvements et même, en transformant le script a posteriori, je peux jouer d'autres peintures, comme un piano pourrait jouer seul la même mélodie sous différents aspects…

Étape 7

« Tout est dans tout et tout est en mouvement », concept M.M. Salgado.

Les découpes

M.M. Salgado a pensé en voyant ma peinture qu'*Appartenances* pouvait être le point de départ d'une exposition. Mais comment réaliser une exposition à partir d'une seule peinture ?

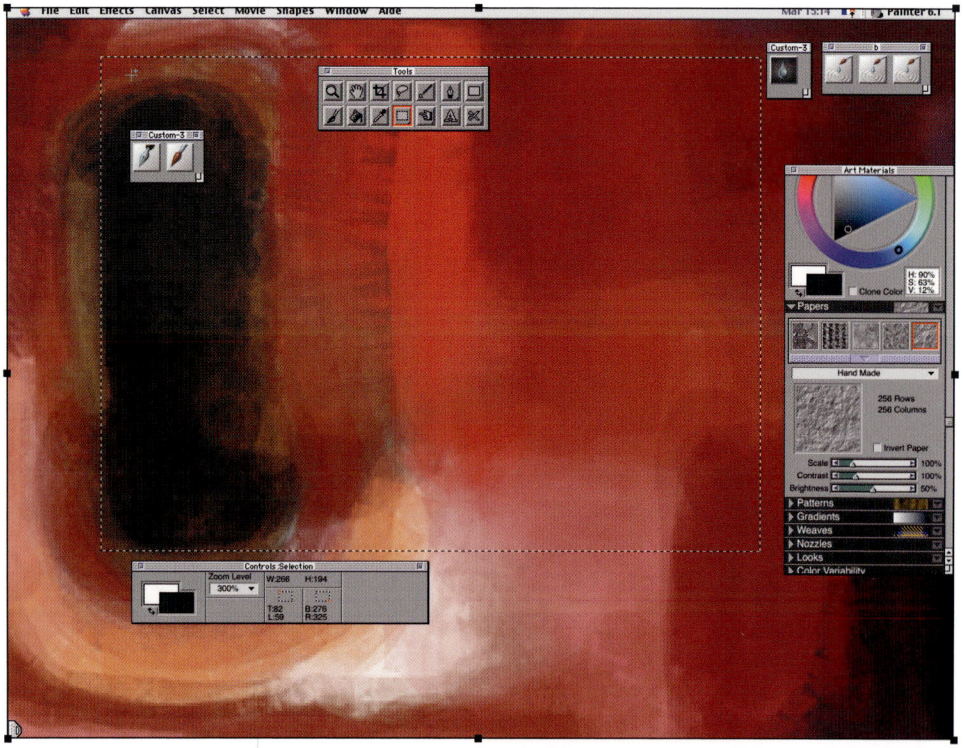

En observant sa surface à l'aide de l'outil Loupe à 300 %, et en la déplaçant à l'aide de l'outil Main (Window>Tools>Grabber), nous avons constaté que les écrans ainsi représentés composaient eux aussi des peintures.

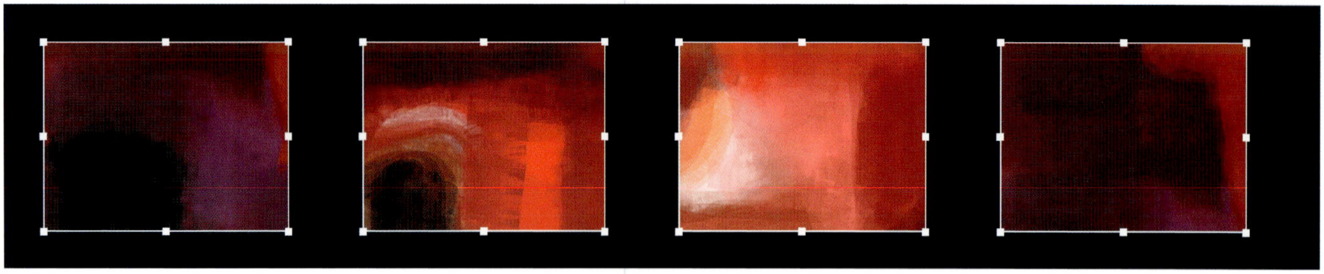

Comme les morceaux coupés d'une toile agrandie, ils proviennent du centre de leur peinture d'origine, comme des enfants naissent de leur mère.

Étape 7

Ces vues définies par la configuration même de la taille de l'écran sont la représentation à l'ordinateur d'un travail qui pourrait exister manuellement. Imaginons tout simplement le découpage d'une toile en petits morceaux. L'avantage avec l'outil informatique est que l'on conserve bien entendu l'original intact.

Imaginons tout simplement le (découpage *d'une toile en petits morceaux...*

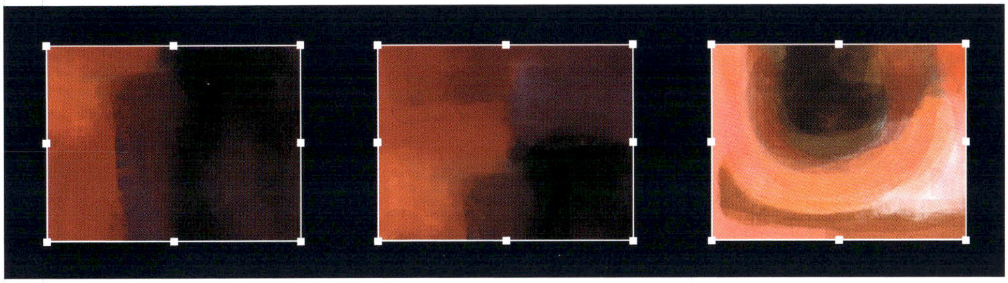

Récupérés par l'intermédiaire de copies d'écran, ces morceaux de peinture vont être retravaillés et avoir à leur tour une vie propre.

Enfin, je donne à chacun d'entre eux une nouvelle valeur de résolution avant de les repeindre et de pouvoir les exposer dans une galerie autour de la source d'origine dont ils proviennent et à qui ils appartiennent : la peinture *Appartenances*. ■

La peinture rejoint l'architecture si l'on considère le lieu dans lequel elle va être exposée. Créatrice d'espaces, elle appartient aussi à un espace plus vaste (galerie, musée, salon, fresque murale) lui-même appartenant à la nature environnante.

… est le premier que je finalise
…tièrement sous Painter.
…rsonnage ainsi créé possède,

à mes yeux, une âme plus forte
que celle rendue par le dessin crayon
qui a servi à son ébauche.

atelier 06

JÉRÉMY **MARIEZ**

Matériel utilisé

- Processeur AMD 1,4 GHz, 256 Mo de RAM
- Carte graphique ATI Radeon 8500, 64 Mo
- Écran 17 pouces, tablette Wacom A4
- Scanner Agfa 1212

Logiciels utilisés

- Painter 7
- Photoshop 6

Le Guerrier du vent

Image finale

Il s'agissait pour moi de rendre visuelle **cette description**
et d'attribuer au personnage une position fière, « guerrière ».

Cette image est une commande de François Denis pour illustrer ses jeux de rôles ; il souhaitait un elfe guerrier d'un physique correspondant à l'âge de 28 ans, à la peau bleutée, au visage fin, anguleux et marqué par le temps et les épreuves. Il devait porter des habits orientaux avec une capuche pour masquer ses yeux différents des nôtres (globes oculaires noirs et à l'iris clair) et donner l'impression de pouvoir contrôler les airs. Les accessoires sont un arc elfique de grande précision, fabriqué en bois précieux, quatre carquois (deux dans le dos, deux en cuissarde), ainsi qu'un cimeterre.

Étape 1

Recherche de posture

Je travaille sur du papier A4 avec un critérium 0,9 mm à mine bleue afin de pouvoir corriger des éventuelles erreurs ou options envisagées avec un critérium plus foncé ; avec un logiciel comme Photopaint ou Photoshop, il est possible de faire apparaître l'une ou l'autre des couleurs pour mieux apprécier les différents aspects du personnage. Je dessine ainsi une esquisse préliminaire

Sur une autre feuille blanche en calque (pour réduire les erreurs de proportion, je dessine toujours le corps seul d'abord), je sculpte un peu plus le corps.

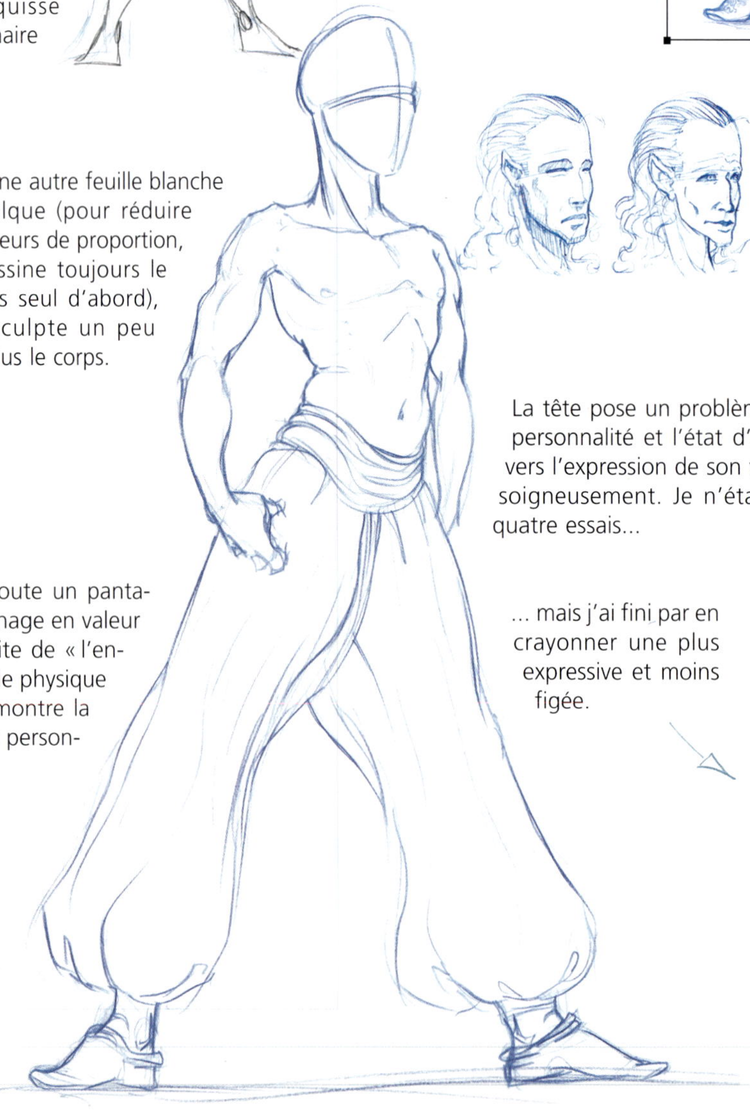

Je renouvelle l'opération, ajoute un pantalon ample qui met le personnage en valeur (le bouffant du pantalon évite de « l'enraciner » au sol) et peaufine le physique et la posture. Le buste nu montre la musculature et la tonicité du personnage.

Les autres vêtements m'ont demandé davantage de recherche, car je voulais que la peau soit bien visible ; ils ne doivent pas non plus brouiller la lecture du personnage.

La tête pose un problème majeur, car elle donne la personnalité et l'état d'esprit du personnage à travers l'expression de son visage. Il faut donc la choisir soigneusement. Je n'étais satisfait d'aucun de ces quatre essais...

... mais j'ai fini par en crayonner une plus expressive et moins figée.

Étape 1

> Lorsque l'on utilise le crayon sur un calque, ce dernier est automatiquement converti en calque gélatine qui réagit comme un calque produit et ne permet pas de bien voir ce que l'on dessine.

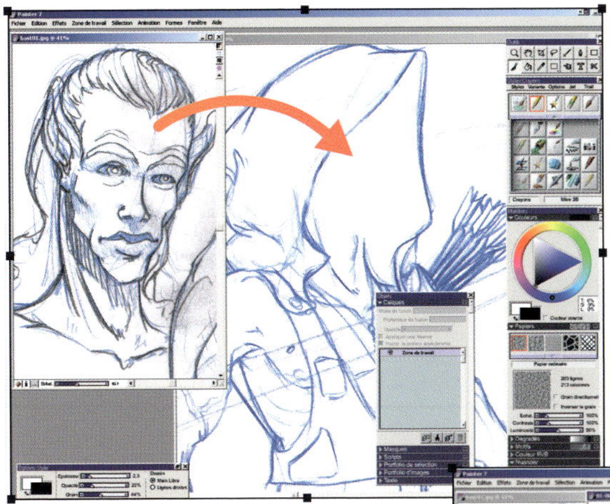

Je scanne le corps, puis la tête, à part, que j'importe sous forme de calque sous Painter pour pouvoir la retracer proprement à l'emplacement prévu pour le visage.

Je redimensionne le visage sur un calque en mode Produit (les traits du dessous restent visibles).

Je baisse l'opacité du calque du visage à 20 %, valeur juste suffisante pour pouvoir encore le deviner. Pour le retraçage, j'utilise le crayon mine 2B (réglage par défaut) sur un calque en mode Normal, et une couleur vive qui permet de distinguer les différents tracés.

Je sais à ce moment-là que je devrai retracer tout le corps (sous Painter ou à la main à l'encre), car mon tracé au critérium est trop grossier.

Lorsque j'ai fini de tracer le visage en m'inspirant de celui scanné, je supprime l'image du visage qui ne sert plus. Le nouveau tracé est remis en mode Produit, puis, dans Effets>Tonalité>Corriger les couleurs, je lui donne la même teinte que le corps.

Je dépose ensuite tous les calques sur la zone de travail pour ne pas m'encombrer de calques inutiles.

Il faut maintenant trouver les bonnes couleurs à apposer ; les deux seules qui sont évidentes sont la peau et le bois de l'arc.

Étape 2

La peau

Pour peindre, j'utilise généralement le pinceau Soies groupées (Brushes>Captured bristle). On voit sa forme à l'écran ce qui rend le travail plus aisé ; ses poils sont apparents à basse pression et il permet des aplats à forte pression. Sur un calque Peau, je pose un aplat bleuté. Le mode Produit permet de visualiser le tracé.

Sur un autre calque produit, je peins les ombres en atténuant le pinceau de 20 % d'opacité, avec une couleur plus foncée. Sur un dernier calque Reflet, en mode Normal, je marque avec du blanc les zones de lumière.

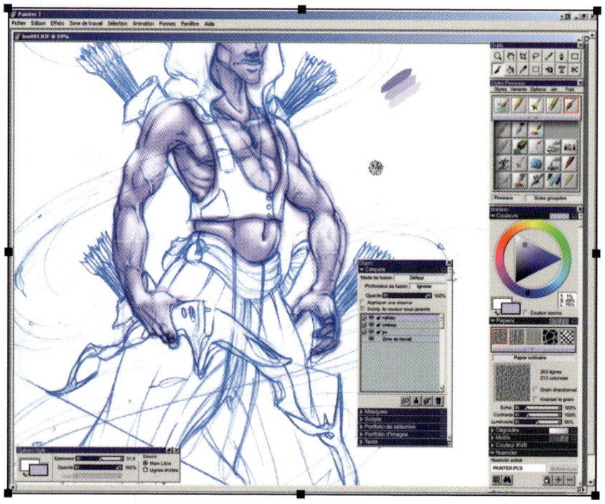

J'ajoute alors des veines sous la peau diaphane (cela pèsera dans la suite du choix des couleurs) : j'utilise un calque en mode Incrustation avec une opacité de 70 % et la couleur vert fluo R30 V180 B1.

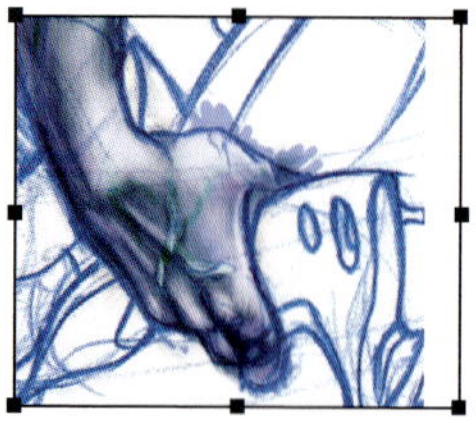

Travailler les ombres et les lumières sans se soucier de la couleur principale revient à un travail sur du papier mi-teinte.

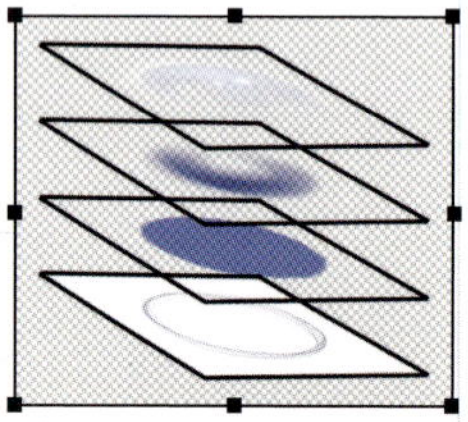

Le débordement n'est pas grave car le tracé sera refait et l'on gommera les bords.

(Le blanc est pur à la base, mais avec ce pinceau, il prend une partie de la couleur du dessous, ce qui le mélange un peu et le rend plus crédible.)

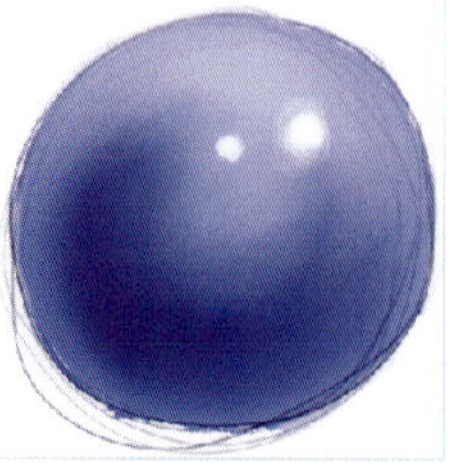

Étape 3

L'arc

C'est la partie technique la plus importante de l'image, et aussi la plus volumineuse ; il va attirer l'attention de l'œil puisqu'il possède quelques petits détails comme les veinures du bois.

Le but est de montrer un arc taillé dans la masse, avec les anneaux du bois montant dans le sens de la longueur de l'arc.

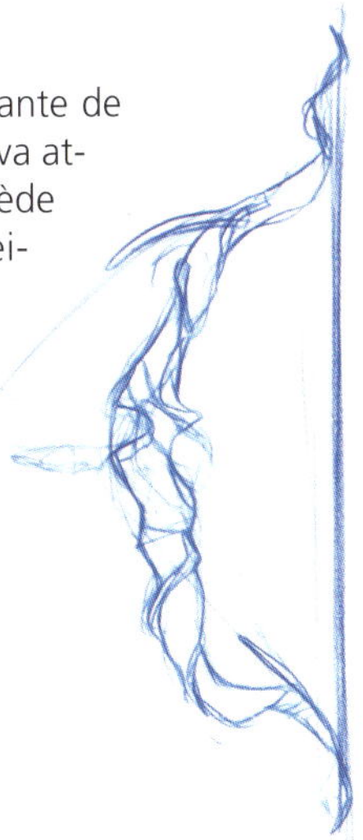

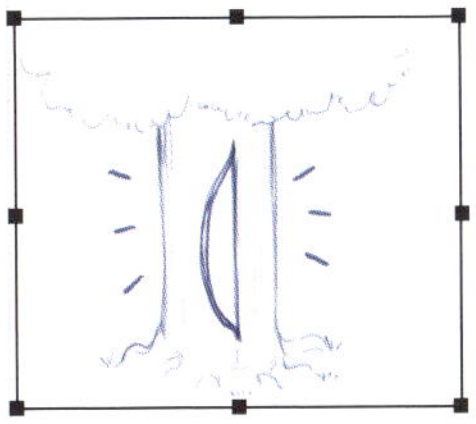

Ce sont les reflets qui donneront le volume final.

J'ai également ajouté des équilibreurs (que les archers connaissent bien...). Je remplis l'arc avec un aplat sur le calque nommé Arc, puis je dessine les anneaux avec une couleur plus foncée à l'aide du pinceau Encre sèche et ajoute les ombres (sur un calque normal).

Les deux parties (la peau et l'arc) pour lesquelles le choix de la couleur ne se posait pas sont terminées. Pour les autres éléments, je dois maintenant choisir des couleurs qui vont s'accorder à celles que je viens d'appliquer sur le dessin. ■

Étape 4

Accord des couleurs

Le principal problème des dessinateurs est la mise en couleur ; il faut réussir à ne pas gâcher un dessin qui « possède une âme » au crayonné et risque de tout perdre lors du passage à la couleur.
J'ai donc pris un certain temps à me décider dans le choix des différentes couleurs à utiliser.

Après une longue réflexion et quelques essais, j'ai choisi pour la capuche la même couleur principale que pour les babouches, et posé un marron plus foncé sur les flèches et les carquois afin de les enfoncer par rapport à l'arc qui ressort (une couleur sombre donne de la profondeur alors qu'une couleur claire fait ressortir le dessin). Le gilet sera vert pour faire écho aux veines des bras.

Pour finir, le pantalon sera crème avec des contre-reflets violet clair, comme sur la peau.

J'ai effectué une copie de mon tracé pour le convertir en noir (Effets>Tonalité>Corriger les couleurs) car le tracé bleu ne fait plus le poids face aux couleurs. Ceci va m'obliger à contraster davantage le dessin. ■

Étape 5

Les ombres

Les ombres de matière sont assez simples à faire. (Quoique...) Il suffit de placer le côté sombre opposé à la lumière ; si l'on souhaite davantage de volume, il faut décoller légèrement l'ombre du tracé ou rajouter un contre-éclairage dans l'ombre (comme sur la zone du ventre).

Les ombres les plus fastidieuses à exécuter sont les ombres projetées par les différents volumes les uns sur les autres ; elles nécessitent de réfléchir en trois dimensions et de bien connaître les lumières qui jouent un rôle prépondérant pour tout ce qui touche à la représentation du dessin et de ses reliefs.

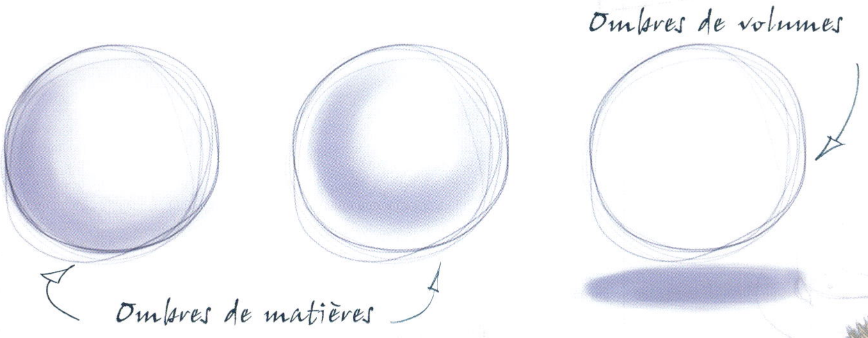

Les ombres de volumes sont nécessaires pour faire apparaître les rapports de distances entre les différents éléments qui aideront à guider le regard lors de la lecture de l'image.

Je sépare toujours ces deux types d'ombrage, matières et volumes, car ils ne réagissent pas de la même manière sur la matière. Les ombres de matières sont dessinées sur un calque juste au-dessus de la couleur de base, alors que les ombres de volumes ne sont ajoutées que lorsque toutes les ombres de matières ont été posées.

Je construis généralement mes ombres de volumes d'une seule et même couleur afin que l'œil les perçoive comme des ombres projetées par les volumes. Il faut donc créer un calque produit par dessus tous les autres calques, sur lequel on dépose l'image (ce qui veut dire que tout est fini) et prendre l'outil Photo>Obscurcir pour dessiner directement les ombres sur le personnage.

Si l'on souhaite accentuer un volume, il (suffit **de décoller** *légèrement l'ombre du tracé.*

Étape 6

Le coup de pinceau

L'important maintenant est de pouvoir rendre convaincants les volumes composant le personnage ; pour cela, je pose mes traits d'ombres et de lumières selon les lignes de volume, comme si une grille directrice les recouvrait.

Pour ce faire, je respecte la règle des 45°, mais on peut aussi suivre le volume dans le sens du tracé.

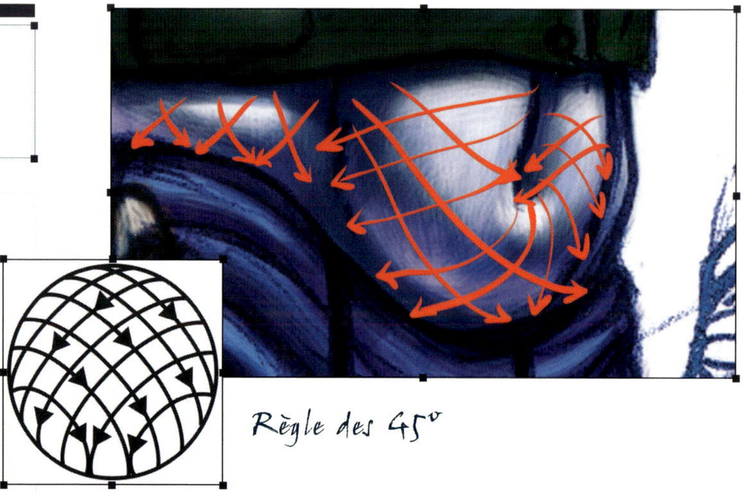

Règle des 45°

Sens du tracé

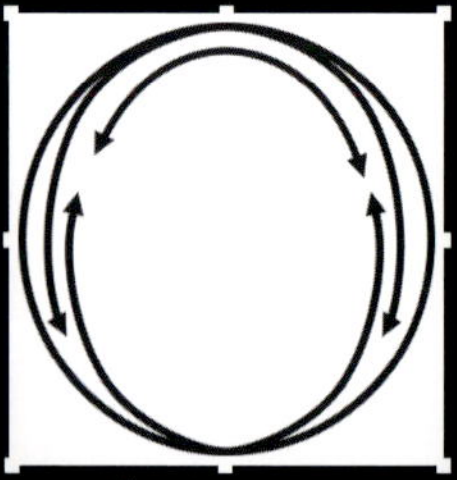

Autre sens du tracé

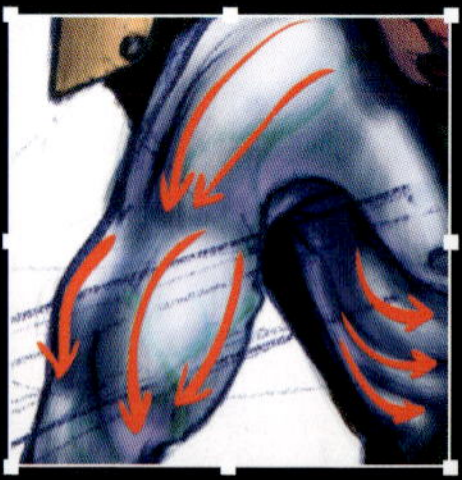

Jamais de quadrillage horizontal et vertical !

Il est préférable de ne pas mélanger ces deux systèmes de recouvrement, mais on peut les utiliser sur le même dessin en différents endroits ou même, en les faisant se suivre.

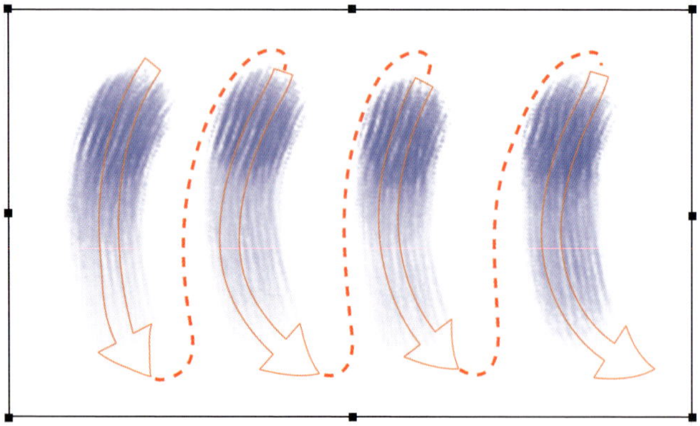

Il faut relever le stylet à chaque retour et appuyer plus fortement au début pour relâcher sur la fin du trait.

Pour le pantalon, j'ai appliqué des coups de pinceaux dans la longueur, ce qui va grandir le personnage, le rendre plus dynamique et atténuer le côté statique dû à la pose.

Les accessoires que porte l'elfe vont aussi jouer un rôle dans son équilibre visuel. ■

Étape 6

Finitions

Je dois maintenant refaire tout le tracé en utilisant le crayon 2B et avec une couleur forte comme expliqué à l'étape 1. C'est la partie la plus longue et laborieuse de cette réalisation ; je travaille sur un calque nommé « Tracé autre » dont je modifie la teinte lorsque j'ai terminé. Il faut une couleur foncée pour qu'il ne soit pas fade, mais éviter le noir qui casserait l'ambiance du dessin ; j'ai choisi un violet foncé qui fait écho à la plupart des couleurs utilisées pour la totalité du personnage ; je gomme soigneusement toutes mes bordures.

Avant

Après

Les dernières finitions

Après une semaine de travail, l'illustration est enfin agréable à regarder. Je peaufine les petits détails et rajoute un focus pour faire croire que l'on a pris une photo de ce personnage en faisant la mise au point sur lui.
Avec l'outil Photo>Flou, je floute les parties qui sont trop en avant ou trop en arrière pour donner un aspect plus réaliste à l'image.

J'imprime l'image terminée sur papier A4 photo et fait des variantes aquarelles pour avoir des déclinaisons du personnage sous un autre jour : par exemple, comme sur un vieux parchemin...

Pour cela, ouvrir l'image, aller dans Fichier>Créer une réplique. Painter ouvre une nouvelle fenêtre ; sélectionnez l'image (Ctrl+A) puis supprimez-la, prenez l'outil Aquarelle>Soies diffuses, cochez le bouton « Couleur source » dans la fenêtre Matière>Couleur puis passez sur votre image : le dessin apparaît comme si vous l'aviez fait à l'aquarelle traditionnelle.

Grâce aux outils Painter / Wacom,
je pourrais retoucher mon dessin
à l'infini sans abîmer son support.
C'est l'un des nombreux avantages
qu'offre la peinture numérique,
et j'avoue que j'aurais maintenant
du mal à revenir à ma table
à dessin inclinée, couverte
de crayons, de pinceaux et de pots
de couleurs en demi-équilibre...

atelier 07

PASCAL **SIBERTIN**

Matériel utilisé

- PC avec Pentium III 500 MHz
- 320 Mo de RAM
- 40 Go de disque dur
- Tablette graphique Wacom A4

Logiciel utilisé

- Painter 7

Couettes

Esquisse — Mise en couleurs

Image finale

Cette illustration est née d'une recherche sur un personnage principal féminin de dessin animé de style manga/comics, avec pour références des films comme *Blood the last vampire, Gunnm* ou encore *Matrix*.

Je voulais avant tout évoquer une femme indépendante, dotée d'un fort caractère, le tout planté dans une ambiance surréaliste légèrement malsaine. Après un petit briefing avec le scénariste du dessin animé sur l'orientation du personnage, je me suis lancé dans l'aventure : stylet Wacom à la main, palette graphique et tube cathodique, café avec un sucre – et sans taille-crayon, j'ai ouvert Painter 7.

Je voulais (évoquer **une femme** *indépendante, dotée d'un fort caractère, dans une ambiance légèrement malsaine.*

Étape 1

Esquisses et réglages

Depuis 1996, je travaille uniquement par l'intermédiaire d'une palette sur laquelle je dessine directement, sans passer par la scannérisation d'une image. Je gagne ainsi du temps en préparation et supprime la longue et fastidieuse étape de retouche consistant à enlever les taches et autres traces non désirées sur l'image. Cela m'évite également la peur de la belle feuille blanche que je respecte trop pour la gâcher… De toute manière, pour obtenir un vrai toucher papier, il y a toujours moyen de positionner une vraie feuille de plus ou moins fort grammage par-dessus la tablette graphique. En outre, l'utilisation d'une palette me permet d'éluder les problèmes de déformations optiques liées à l'inclinaison du papier sur le plan de travail.

Sur ma tablette graphique qui gère 1024 niveaux de pression, le stylet standard réagit à 30 g de pression. Comme il pèse 24 g, 6 g de pression suffisent donc pour commencer à dessiner. Il est par conséquent important de régler dans les drivers Wacom le toucher de la pointe du stylet au cran précédant le plus sensible, parce qu'au plus sensible, la pression du stylet peut occasionner un problème de trait continu.

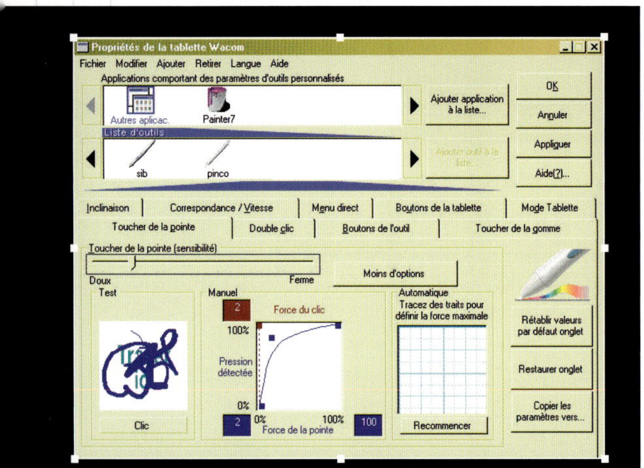

Pression du stylet

Autre réglage important pour un toucher réaliste optimal : je vais dans Édition>Préférences>Sensibilité et dessine un seul trait continu de différentes pressions mais très librement : cela optimise le réalisme et le contrôle du toucher entre les plus fortes et plus faibles pressions de ma main.

Pour ces crobars, j'utilise un crayon du type Mine 2B ainsi qu'une encre Aquarelle en type Recouvrement que je règle dans Options de styles>Général>Méthode, et je travaille sur un seul calque en mode de fusion Gélatine trouvé dans la palette des calques.

J'esquisse le personnage de différentes manières (essais de coiffures, de vêtements, d'expressions du visage), afin de bien m'imprégner de sa personnalité : cela me guidera dans la marche à suivre tout au long de la réalisation. ■

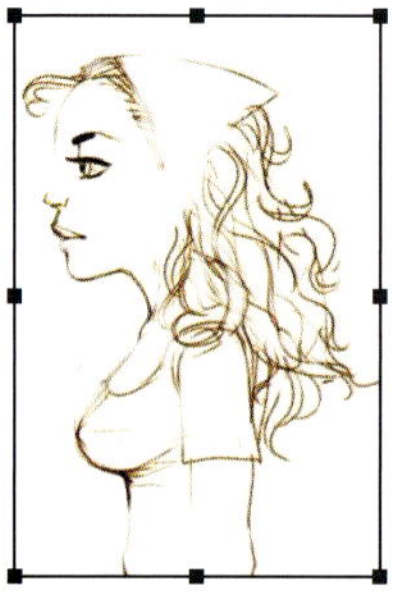

Étape 2

Finalisation du crayonné

La sélection entre les différentes esquisses s'est faite naturellement : c'est le cœur qui a parlé. Dans un premier temps, j'ai imaginé mon héroïne lâchant son portable comme si elle pressentait un danger, comme s'il allait se passer quelque chose dans les prochaines secondes.

Pour le décor, je mélange des ambiances et des styles différents afin de perturber les stéréotypes et laisser libre cours à l'imagination du spectateur. J'y ajoute un rideau pour donner à l'atmosphère du lieu un côté guindé et luxueux, mais qui soit en même temps onirique, un peu à la manière d'un décor de théâtre. Je décide d'asseoir mon héroïne sur un siège au design très actuel avec des matières contrastées (velours, or, argent, verre, plastique, acier), et de placer derrière elle une grande baie vitrée fermée.

Les courbes de (Bézier sont très puissantes
car comme elles sont indépendantes de la résolution,
il est possible de les modifier à l'infini.

Le siège n'étant pas encore assez bien « croqué », je me permets d'utiliser les vecteurs de Painter : je vais dans la palette des outils et crée une ellipse, puis je définis ses attributs en allant dans Formes>Attributs de forme, que je règle à 2 pixels en largeur et à 30 % en opacité de trait. Je lui fais ensuite subir une rotation dans Effets>Orientation>Pivoter. Les courbes de Bézier sont très puissantes car comme elles sont indépendantes de la résolution, il est possible de modifier à l'infini leurs épaisseurs et leurs tailles sans causer aucune perte. ■

Je souhaite camper mon personnage dans une position stable, assise avec nonchalance mais prête à bondir. Belle, gracieuse, élégante… et habillée d'une veste pour montrer un certain niveau social. J'hésite longuement sur le fait de montrer sa poitrine ou non, puis je décide que dans cette illustration, je veux plus que suggérer : au diable le puritanisme !

Étape 3

Préparation des brosses

Avant tout, je dois préparer les brosses qui vont me servir à la mise en couleurs. Cette phase est plus aisée si l'on a déjà l'habitude de dessiner sur papier : on saura ainsi mieux paramétrer la brosse pour qu'elle réagisse de manière complètement naturelle.

Je veille à bien régler le pas de la brosse pour qu'elle soit fluide avec un débit constant, afin d'éviter d'avoir un trait composé de ronds alignés bout à bout. Pour obtenir un trait continu, je vais dans le menu Options de styles>Pas et coche la case Dépôt continu ; je règle par ailleurs le pas à 5 % et le pas minimal à 0,5.

Essais de brosses

Autre réglage important : l'épaisseur et la taille minimale de ma brosse, que je paramètre dans le menu Options de style>Épaisseur. Si vous souhaitez des brosses moins « froides » et moins uniformes, vous pouvez rajouter des variations de couleur en cliquant dans la palette des matières sur l'option Variation de couleur (attention, pas plus de 5 % dans les trois réglages TSL).

Mise en couleurs sommaire

Après ce paramétrage des brosses, je peux commencer mes recherches sur les couleurs du dessin. C'est le moment où tout est possible, où je peux me faire plaisir, par exemple en parant ma protégée d'un pantalon doré très *eighties*. Pour ces recherches, je prends soin de réduire quasiment à 0 % la diffusion ainsi que la vitesse de séchage dans Options de styles>Aquarelle.

Recherche d'une ambiance colorée

Une fois mes outils calibrés, je crée des palettes raccourcis pour les avoir toujours à portée de main. Je personnalise même mes brosses par de petites caricatures de moi-même !

Pour créer une brosse personnalisée, je glisse tout simplement la brosse vers n'importe quel endroit de l'image. ■

Bien sûr, toujours en quête de nouvelles sensations, je n'hésite pas à tester de nouvelles brosses de temps en temps...

Étape 4

Redimensionnement de l'image

Je redimensionne l'image pour la travailler à nouveau en couleurs, mais cette fois dans la résolution finale destinée à l'impression (304 pixels/pouce). Je règle aussi l'échelle de la texture du papier en fonction de la résolution adaptée à la taille du dessin.

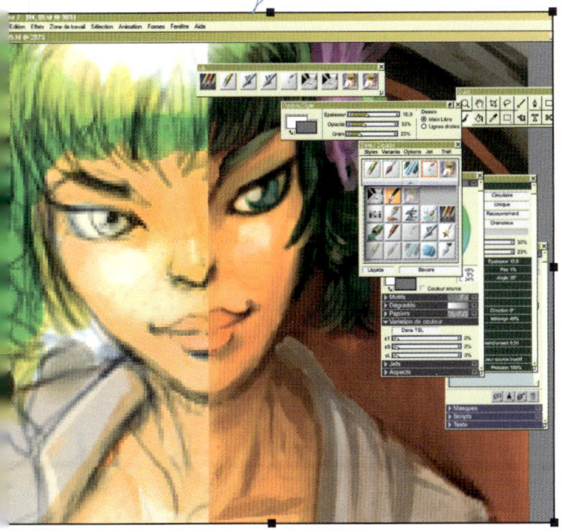

Je joue alors sur la sensibilité du stylet, ainsi que sur l'opacité et le pourcentage de grain de la palette Options:Style. Miss Couettes étant capable de se défendre seule, je décide de supprimer son téléphone portable : je lui redresse donc son avant-bras et le raccorde au coude au moyen de l'outil Liquide>Bavure choisi dans la palette des styles. Par la même occasion, je dessine des accoudoirs au fauteuil.

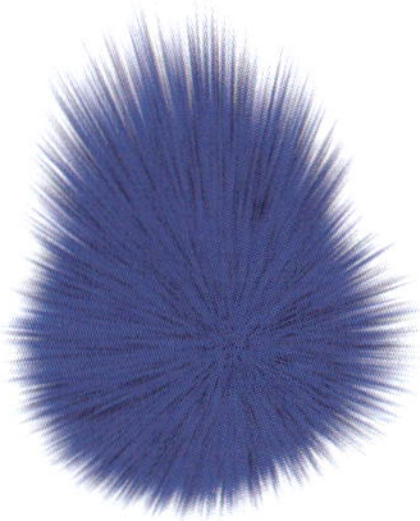

Dans la palette des styles, je m'amuse ensuite avec les brosses Effets FX pour dessiner le sol. J'avais imaginé au départ de mettre un tapis, mais en me laissant entraîner par la brosse Fourrure, il se transforme en moquette épaisse… Pour cela, j'utilise l'inclinaison du stylet : cela donne des effets directionnels saisissants ! Je n'ai d'ailleurs pas hésité à faire pivoter le stylet dans tous les sens…

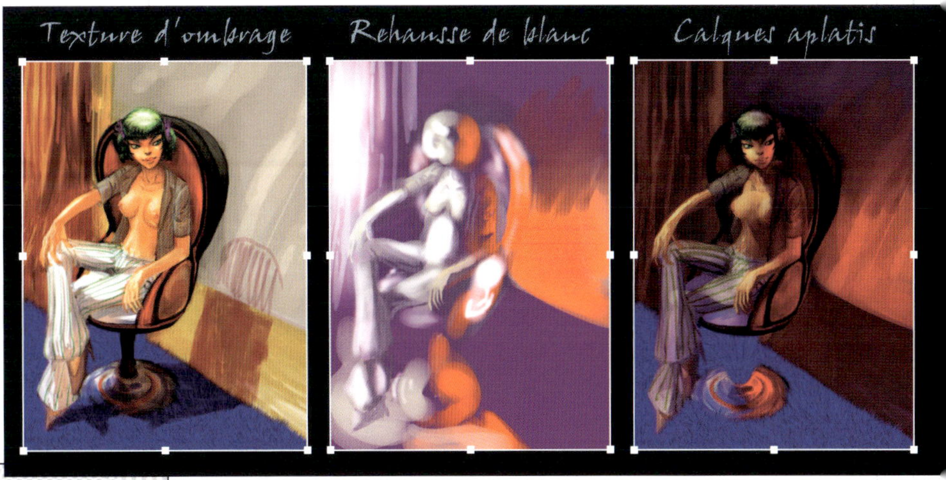

Ombres et éclairages

Je crée ensuite un calque d'ombres pour travailler les valeurs des contrastes et les éclairages de l'illustration, et pour définir ainsi la profondeur de l'image.

Calque d'ombres

Pour garder un aspect réaliste au dessin, je peins les ombres – qui ne sont jamais noires – avec une aquarelle d'un bleu presque violet sur un calque que je règle à 50 % d'opacité.

Il manque encore au dessin un éclairage d'ambiance : je crée donc un calque en mode de fusion Texture d'ombrage et j'y ajoute une couleur rouge venant de la droite, qui se justifie par l'éclairage du décor extérieur à la fenêtre. Ici, je travaille avec de longs coups de pinceau pour donner l'impression de flammes. Comme Matisse l'a si bien dit : « Je rehausse de blanc pour faire entrer la lumière ». ■

De temps en temps, j'aplatis des calques pour m'interdire de revenir en arrière et pour me contraindre à aller de l'avant dans mon dessin.

Étape 5

Effets de flammes

Entrons maintenant dans le monde merveilleux des effets… Pour renforcer l'idée de feu dans mon dessin, je vais chercher dans la palette des styles l'effet FX qui convienne. J'opte pour la brosse nommée Feu et en tartine joyeusement le fond de l'image. Pour que ce soit encore plus réaliste, j'y rajoute des braises volantes : pour ce faire, j'applique sur l'illustration un coup d'aérographe de teintes rouges et jaunes, en dosant l'inclinaison du stylet afin de le vaporiser dans le haut de l'œuvre.

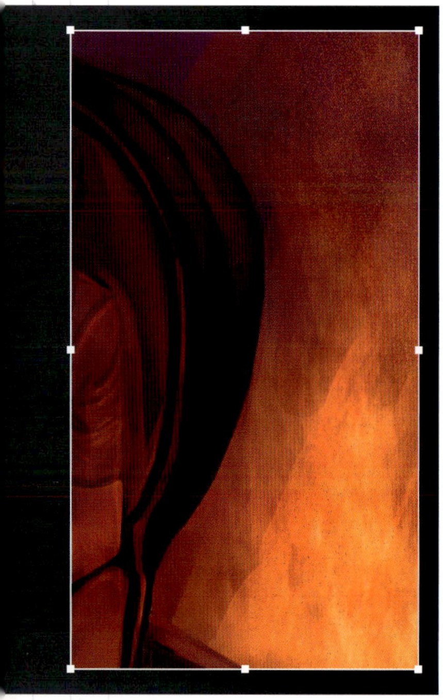

L'effet FX

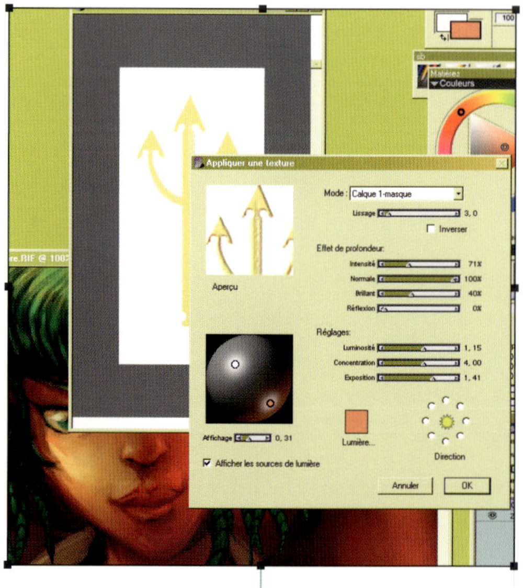

Je dessine ce trident sur un calque dans une nouvelle image. Pour lui donner du relief, je vais dans la barre d'outils Effets, puis dans l'option Surface>Texture.

Les tridents

Je décide de décorer la portion de mur située sous la baie vitrée en lui appliquant une série de motifs en forme de trident. J'adore la symbolique du trident, car il m'évoque beaucoup de choses : la force divine et la royauté, un peu comme le lys, le futur aussi (le dessin animé *Ulysse 31*, qui m'a beaucoup marqué, y est sans doute pour quelque chose…), et aussi un je ne sais quoi de funeste, sans doute à cause de la fourche… Qui s'y frotte s'y pique !

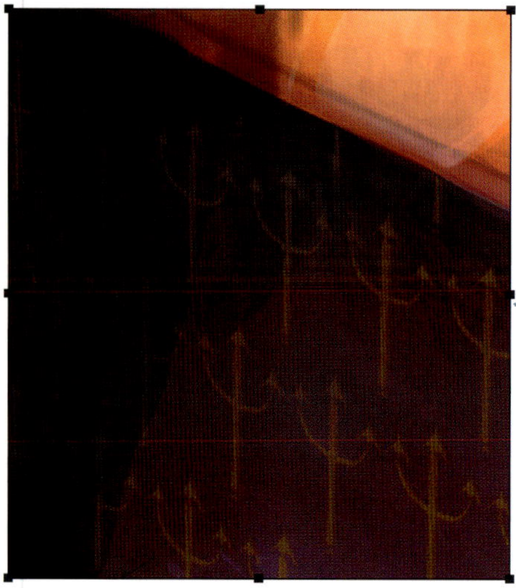

Motif « Trident »

Pour faire de ce trident un motif, je le dépose et le sélectionne, puis je le capture dans la palette des matières, en allant dans Motifs>Définir (option située dans l'onglet en haut à droite). J'applique ce motif dans un nouveau fichier et dans un nouveau calque, et lui donne une perspective pour l'intégrer au mur en le déformant, grâce à la commande Effets>Orientation>Déformer (je coche toujours la déformation en Optimale).

Étape 5

Les tresses de Couettes

Pour réaliser les tresses de mon personnage, je crée d'abord une seule tresse, en m'assurant que le raccord permette de la répéter à l'infini. Pour cela, j'active la fonction Définir et je fais coulisser ce motif en laissant enfoncées les touches Shift+Espace. Tout comme pour le trident, je dépose et sélectionne ce calque, puis je le capture dans la palette des matières, en allant dans Motifs>Capturer (option située dans le même onglet que Définir). La brosse est prête !

En utilisant toujours la même couleur de calque pour les ombres, il m'est facile d'intégrer à l'image les tresses vertes. ■

Intégration des tresses

À l'aide du (Grattoir de la palette des styles,
je contrôle la taille et le mouvement des tresses grâce au stylet.

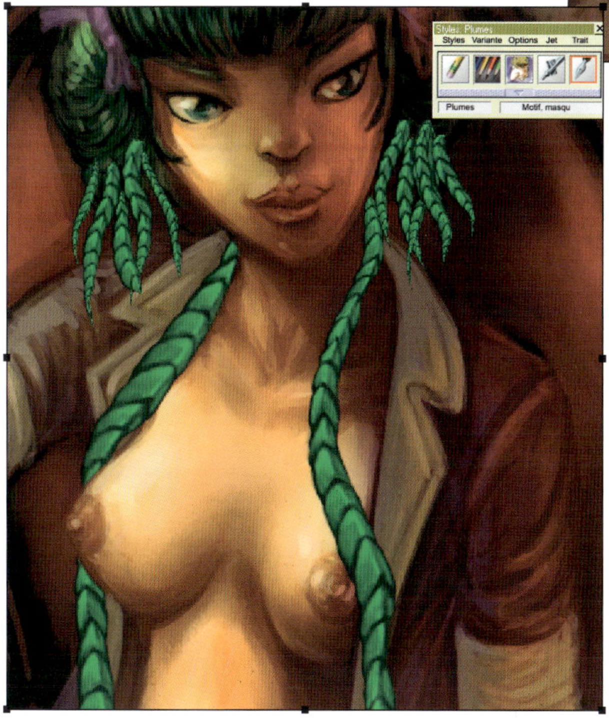

Placement des tresses

À l'aide du grattoir trouvé dans la palette des styles, option Plumes, que j'utilise en type de forme calculé et avec une source à motif avec masque (réglé dans Options de styles>Général), je contrôle la taille des tresses avec la pression du stylet, et leur mouvement grâce à son déplacement.

J'avais utilisé le même principe pour la chevelure de Cyrixia (autre personnage de mon travail en bande dessinée), en mélangeant ses tresses avec des masses de cheveux à l'aquarelle. La magie du capillaire !

Étape 6

Les finitions

Pour cette étape, je préfère utiliser le stylet Pinceau de Wacom car il est beaucoup plus souple (débattement de la pointe de 1 mm au lieu de 0,1 mm pour le stylet standard), ou bien encore la gomme du stylet standard. Toutefois, cette dernière est à manier avec précaution car elle risque de rayer la surface, tel un patin à glace tournant sur lui-même à grande vitesse.

Pour mon plaisir personnel, je décide de faire porter à mon héroïne un petit médaillon, que j'ajoute directement à l'image, sans calque et au pinceau. Puis je peaufine divers éléments du dessin comme le nœud dans ses cheveux, ses tétons, ses mains : je me promène ainsi un peu partout dans l'illustration à la recherche d'éléments subsidiaires à dessiner.

Ce que l'ordinateur ne peut reproduire, ou alors de manière trop aléatoire pour être crédible, ce sont les accidents de traits. Même si Painter permet d'ajouter un tremblement dans le trait afin de casser une droite et de la rendre plus « vivante », ou encore met à disposition la plume nerveuse correspondant à des réglages dans Options de styles>Général>Types de formes>Pulvérisation fine, il faut reconnaître que ce type d'option est encore bien éloigné du toucher artistique.

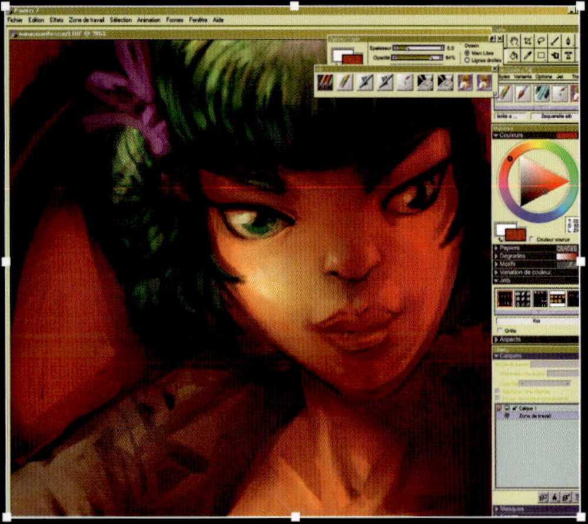

Les oreilles du fauteuil

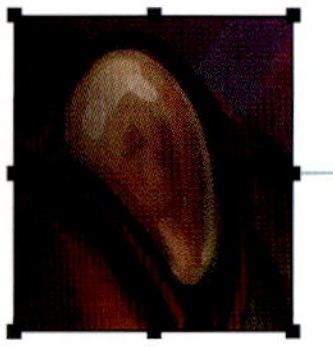

J'ajoute aussi au fauteuil des formes ressemblant étrangement à des oreilles, détail que je justifie par ma culture manga : les Pokemon, par exemple, ont souvent des oreilles ou des coupes de cheveux hors du commun…

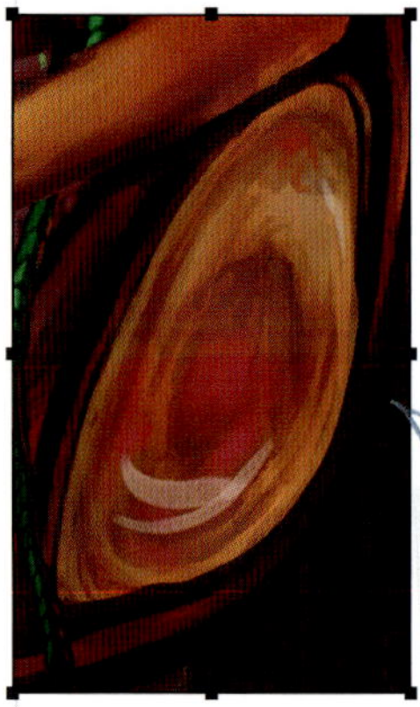

L'accoudoir

Le rideau

Je mets également en valeur les accoudoirs en les affublant d'un demi-globe en verre dépoli, et donne un effet de drapé au rideau derrière Couettes.

Étape 6

Pour réaliser les (effets des objets *dans la fenêtre, j'use de la fonction Copier-coller qui s'avère d'une grande efficacité.*

Fonction Copier-coller

Pour réaliser les reflets des objets dans la fenêtre, j'use de la fonction Copier-coller qui s'avère d'une grande efficacité, sans bien évidemment négliger la symétrie due à la réfraction du verre. Pour cela, je vais dans la barre d'outils des effets, puis dans Orientation>Symétrie horizontale.

Comme je sens, peut-être en raison de mon goût pour les détails, que je me suis trop éloigné du modèle original, je retravaille mon personnage dans ce sens : je corrige la couleur de ses yeux, qui étaient bleus initialement et qui sont passés au vert au cours des étapes, et j'affine son nez qui était plus mince au départ. Je remarque également que sur la première version couleur de Couettes, ses sourcils étaient plus francs, mieux dessinés et plus foncés. Les éclairages et la définition de l'image ayant beaucoup évolués, je redessine sa bouche et lui ajoute des cils qui lui manquaient cruellement. Je me dis qu'ainsi, Couettes sera contente et que j'aurai peut-être droit à un bisou virtuel dans l'un de mes rêves...

La brillance de la baie vitrée est quant à elle composée de longues traînées d'aérographe numérique, gommées çà et là. À noter que j'aurais aussi pu la créer, mais trop régulièrement à mon goût, à l'aide de la variante Tubisme qui se trouve dans la palette des styles, option Artistes.

*Mika, qui a servi de modèle pour ce croquis,
a beaucoup aimé cette image et
m'a dit se retrouver à des étapes clés
de son évolution. Je trouve pour ma part
que tout l'intérêt de cette composition
est dans le passage d'un support papier,
qui pour moi est le passé de Mika,
au numérique qui symbolise son présent.
La fusion de ces deux moyens d'expression
donne à l'illustration un côté intemporel.*

atelier 08

JEAN-LUC **TOUILLON**

Matériel utilisé

- PowerBook Wallstreet G3 - 292 MHz
- 256 Mo de RAM
- Tablette graphique Wacom A4
- Scanner Epson Perfection 1640 SU Photo

Logiciel utilisé

- Painter 7.1

Mika

Croquis

Incrustation

Image finale

Avant tout, je souhaite rendre hommage à un précurseur de l'image numérique dessinée qui est aussi un ami, Philippe Bessas, dit « le comte de Stella », ainsi qu'aux trois créateurs du logiciel Painter, Mark Zimmer, John Derry et Tom Hedges.

Cette illustration fait partie d'une série de croquis que j'adresse chaque matin par Internet à des habitués en leur souhaitant une bonne journée. Sur cette image en particulier, je voulais mêler représentation traditionnelle et technologie de dessin virtuel ; pour cela, j'ai choisi deux croquis dans mes carnets et j'ai demandé à Mika de poser pour moi vingt ans après. J'aime l'idée de réutiliser d'anciens croquis en les travaillant à l'aide d'un outil technologique avancé, d'autant plus que la complicité entre modèle et dessinateur était restée intacte, tout comme le charisme de Mika…

Je voulais (mêler **représentation** *traditionnelle et technologie de dessin virtuel.*

Étape 1

Des croquis dans la texture

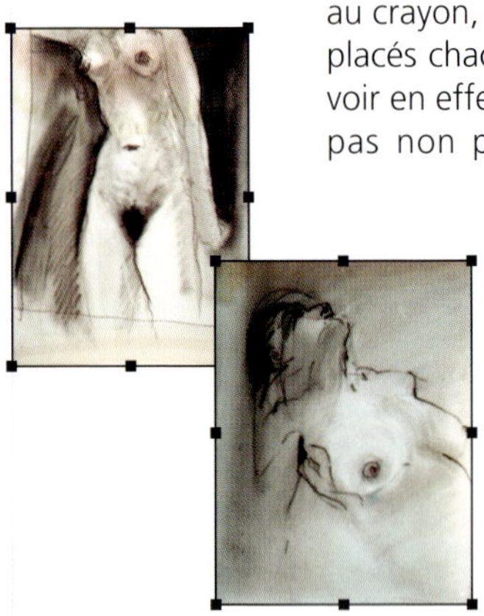

Je suis parti de deux croquis papier faits au crayon, que j'ai numérisés à 300 dpi et placés chacun sur un calque afin de pouvoir en effectuer la composition. Il ne faut pas non plus oublier d'ajouter sur un autre calque la texture du fond qui donnera ainsi à l'image un côté ancien. Pour ce projet, j'ai utilisé la texture n° 37 d'un CD-Rom de textures que j'ai commercialisé, nommé *Painter Organic-Textures*.

Imbrication des deux images

Comme beaucoup d'autres, cette texture a été réalisée à partir de deux images : d'une part, un parchemin datant de 1723, numérisé à 300 dpi, et d'autre part, un détail de l'une de mes peintures (numérisé également à 300 dpi)
Au final, je trouve qu'elles se mélangent « plutôt bien ».

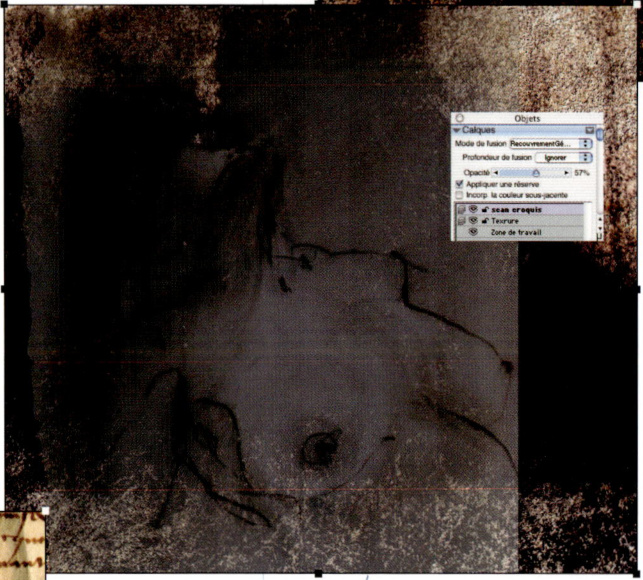

Incrustation du croquis dans la texture

Numérisation du parchemin

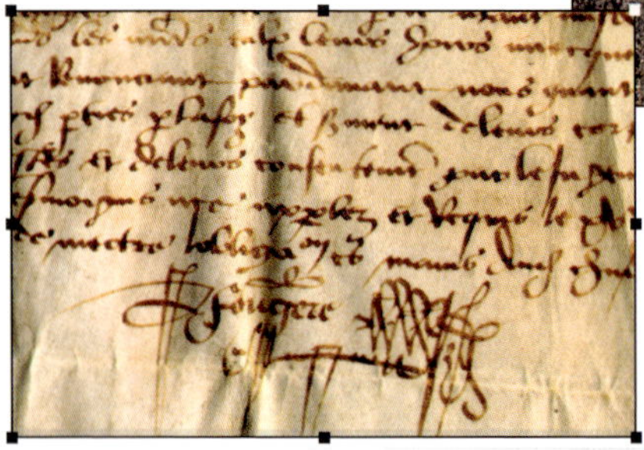

L'imbrication des deux images est obtenue en ouvrant l'une d'entre elles dans Painter, puis en allant dans le menu Fichier>Source de la réplique et en sélectionnant l'autre image pour la travailler avec l'outil Duplicateur (Fenêtre > Palette Styles > Duplicateur). Pour cela, il faut que les deux visuels soient de même taille (en hauteur et en largeur), et qu'ils aient également la même définition en dpi. C'est une technique que j'utilise depuis longtemps, et qui fonctionne très bien, en 2D comme en 3D. ■

Étape 2

Dessin à la mode vectorielle

Pour réaliser le portrait de Mika, j'ai choisi de travailler directement à l'écran-pixel sur ma tablette Wacom Intuos, à l'aide de l'un de mes outils favoris, proche du trait de la plume, l'encre liquide. Pour accéder à cet outil, allez dans le menu Fenêtre>Styles (raccourci sur Mac : Pomme+2, et sur PC : Ctrl+2), puis dans l'option Encre liquide > Esquisse rapide.

Je dois dire que j'éprouve toujours du plaisir à dessiner, quel que soit l'outil de travail et ses apparentes contradictions.

Le dessin à l'encre liquide s'effectue sur un calque particulier qu'il faut prendre soin de déposer avant de pouvoir effectuer une transformation en vectoriel (Sélection > Sélection automatique > Luminance de l'image puis Sélection>Convertir en forme). Cela permet d'obtenir un élément transformable à souhait qui puisse éventuellement être animé. D'ailleurs, tous les croquis de la série dont fait partie ce dessin sont traités de manière identique : ils sont modulables et imprimables sans souci d'un manque éventuel de définition. Même remarque pour les fonds s'ils sont dessinés (paysages, par exemple) ; en revanche, si ce sont des textures, leur impression est limitée au format A3.

Mise en couleurs de la peau

Visualisation des tracés vectoriels

Il me reste ensuite à définir la taille et la position de cette partie vectorielle afin d'ajuster la composition de l'image finale. ■

Étape 3

Ajustement des courbes

Il s'agit maintenant de réajuster certaines courbes de l'illustration qui ne me satisfont pas. Pour cela, il faut améliorer les courbes de Bézier en réajustant des points et certaines courbures, puis jouer avec les transparences vectorielles (PostScript niveau 2). Toute la partie vectorielle de l'image se récupère dans Illustrator (Fichier > Exporter > Fichier Adobe Illustrator), l'export se faisant en Illustrator version 5.5. Cette manipulation permet notamment de récupérer si besoin toutes ces images dans After Effects en vue d'une animation, ou bien encore dans Flash si on les destine à Internet.

Contrôle du tracé

visualisation

En vectoriel, il y a des choix à faire : soit on opte pour des traits lisses, soit – et c'est mon cas, on affectionne les traits baveux pour imiter les traits de crayon.

Pour terminer le dessin et afin que le sujet se détache mieux de l'ensemble, j'épaissis le tracé à l'aide d'un second « trait vectoriel » de couleur différente. ■

Étape 4

Éléments composites

Dans cette étape, j'ajoute à mon dessin une pince à linge, un pinceau et mon copyright, qui sont des éléments vectoriels extraits d'une planche sur laquelle j'ai rassemblé un certain nombre d'images.

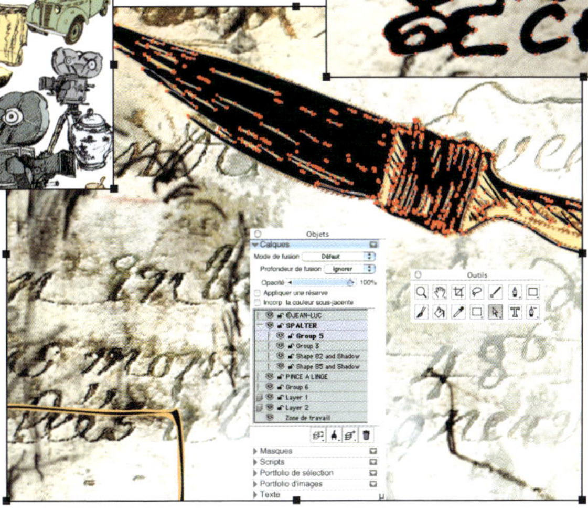

Selon mes envies, je choisis d'intégrer à mes dessins une ou plusieurs images de cette planche, en changeant les couleurs, les transparences ainsi que leurs dimensions.

Je place ces éléments en fonction du modèle, de sa position, de l'ambiance de l'image, de la perspective et de la composition : en fait, j'organise une véritable mise en scène. Pour parachever l'image finale, je vais dans la palette de calques, et à l'aide du menu déroulant Mode de fusion, j'essaye sur chaque composant différents effets : Gélatine qui fait apparaître le croquis comme si il était dessiné sur un rhodoïd, Incrustation qui fond le dessin dans l'image, Couleur pour en modifier l'aspect, Luminosité qui me permet de donner plus ou moins de présence à un élément. Je fais un dernier cadrage, règle quelques éclairages et une fois satisfait, je me dis « Arrêt sur image ! ».

À l'aide du menu déroulant (Mode de fusion,
j'essaye sur chaque composant différents effets :
Gélatine, Incrustation, Couleur, Luminosité...

Un membre de la famille royale britannique est un merveilleux support pour le dessin de presse. Sa notoriété étant quasi intemporelle, mon dessin reste ainsi toujours d'actualité, aussi bien sur le fond que dans sa forme – d'autant plus que les Américains, comme s'ils avaient voulu étayer mon propos, viennent de perdre le contrôle d'un satellite parce qu'ils l'avaient paramétré en pieds... Voilà pourquoi ce dessin gardera encore toute sa fraîcheur pendant une bonne dizaine d'années, voire plus si Charles porte la couronne d'Angleterre !

atelier 09

ZENO

Matériel utilisé
- Scanner Dexxa 4800
- PC avec processeur Intel 400 MHz
- 256 Mo de RAM
- Tablette graphique Wacom A5
- Table lumineuse

Logiciel utilisé
- Painter 7

To be or not to be

Image finale

Le dessin présenté était une commande qui a illustré un article du journal *The Independent*. Son sujet : la résistance des Britanniques à adopter le système métrique, bien que depuis 1960 ce soit la norme de référence internationale…

Les délais en presse imposent une très forte réactivité : l'inspiration doit venir très vite et l'exécution du dessin doit suivre dans la foulée. Ici, j'ai opté pour un gag visuel à l'intention des Britanniques récalcitrants, en partant de la caricature du prince Charles et en jouant sur la taille de ses oreilles pour montrer la différence entre un centimètre et un pouce !

Avec Painter et une tablette graphique, on peut réellement dessiner sur un ordinateur, avec tous les avantages qu'offre l'informatique : pouvoir revenir sur ses erreurs, recommencer *x* fois la mise en couleurs jusqu'à ce que le résultat soit satisfaisant, etc. Le gain de temps est remarquable, ce qui est essentiel pour le dessin de presse.

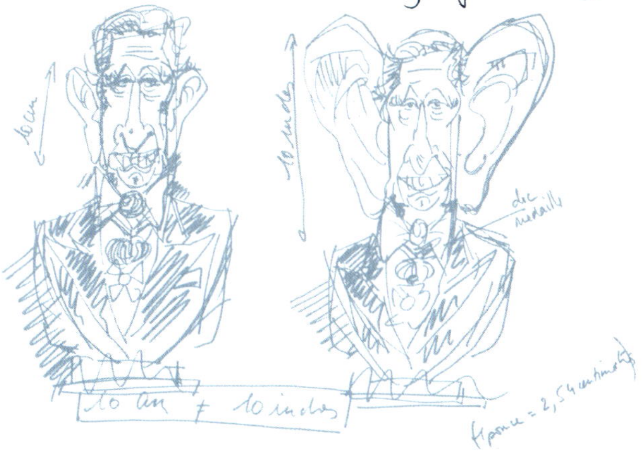

Étape 1

L'esquisse

Dans un premier temps, je jette mes idées sur papier (format A4), puis je sélectionne l'esquisse préparatoire. Il n'est d'ailleurs pas rare que l'équilibre de la composition se trouve d'emblée dans l'esquisse. Je vais donc en prendre soin et la scanner à 300 dpi pour pouvoir l'utiliser ultérieurement, soit comme base de travail à la réalisation de l'illustration, soit comme un calque.

C'est oublier qu'un dessin peut avoir plusieurs vies sous différents formats ; qu'un rédacteur en chef peut souhaiter le publier pleine page alors que ce n'était pas prévu à l'origine. C'est pourquoi il est essentiel de prévoir un poids d'image de départ suffisamment important. Il en va de même pour les dessins préparatoires directement réalisés sur ordinateur, car ils sont susceptibles de se transformer en support de base de travail pour l'illustration.

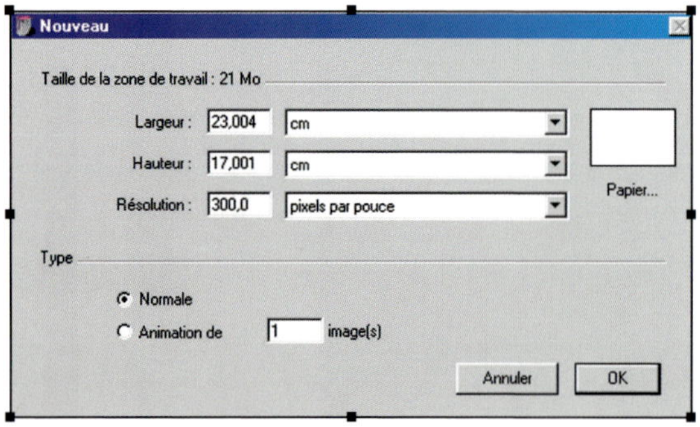

Pour créer une page dans la bonne résolution, je vais dans le menu Fichier et clique sur Nouveau : une fenêtre apparaît dans laquelle je vais indiquer la largeur et la hauteur en centimètres de ma zone de travail (système métrique oblige). Afin d'éviter toute mauvaise surprise à l'impression, je choisis une résolution de 300 dpi pour pouvoir retrouver mon format original.

Je privilégie en général la force du visuel. J'évite les pollutions textuelles (bulles, noms, etc.), dans la mesure où ils n'apportent pas d'éléments pertinents.

Format et résolution

Pour avoir une bonne qualité d'impression, les maquettistes exigent un document avec une résolution de 300 dpi. Or, sur les moniteurs, la résolution de l'écran est trompeuse et varie de 72 à 150 dpi pour les plus performants. Le risque, c'est de se retrouver avec un timbre-poste à l'impression alors que le dessin paraissait plus grand à l'écran.

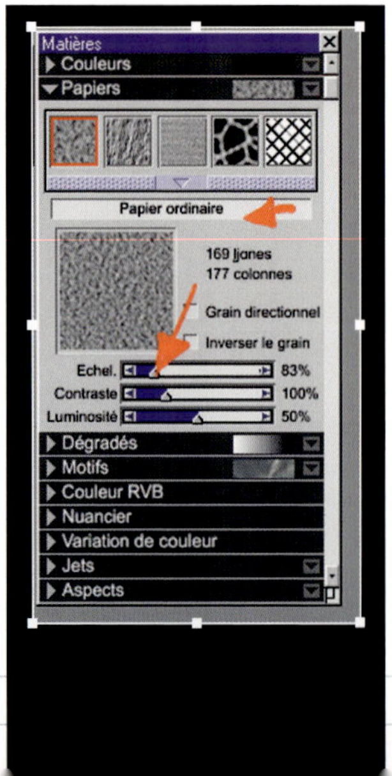

Choix du papier

Selon le type de papier et la valeur du grain choisi, on va produire des effets différents pour un même outil utilisé. Le comportement de l'aquarelle, la craie, le gommage sont sensibles à la nature du papier. Pour les besoins du dessin, je vais utiliser un papier normal avec un grain assez fin, ce qui me permettra d'obtenir une aquarelle très homogène. ■

Étape 2

Réalisation du dessin

J'insère ensuite mon croquis à 100 % dans l'image papier que je viens de créer. Il sera transformé automatiquement sous forme de calque auquel je vais spécifier un mode de fusion Gélatine, ce qui va me permettre de dessiner par transparence sur ma zone de travail les éléments intéressants, notamment la composition du dessin.

Pour (dessiner, j'utilise la plume grattoir, *car elle offre la plus grande souplesse.*

Le fait de devoir dessiner les mains hors du champ visuel peut occasionner une certaine gêne. Certaines difficultés dans la maîtrise du trait, que l'on compense dans le réel en pivotant le dessin, est ici quasi impossible avec la palette graphique. Heureusement pour nous, les programmeurs ont bien pensé les choses. Il suffit que je pointe sur l'icône Main de la palette Outils : en insistant, elle ouvre sur l'icône Pivoter page. Je n'ai plus alors qu'à me placer sur le dessin, et d'un mouvement de stylet, faire pivoter l'image comme je veux.

Pour dessiner, j'utilise la plume Grattoir qui se trouve dans le menu Styles, car elle offre la plus grande souplesse. Pas besoin de l'option Épaisseur. La modulation que l'on exerce avec le stylet est en effet remarquablement restituée à l'image. Ayant l'habitude de travailler avec de l'encre de Chine, je préfère attribuer au stylet une encre noire. Pour l'obtenir, il me suffit de choisir n'importe quelle couleur dans le cercle chromatique, puis de pointer dans le triangle placé à l'intérieur du cercle, précisément à l'angle indiquant la luminosité la plus faible.

Étape 3

Retouche du dessin

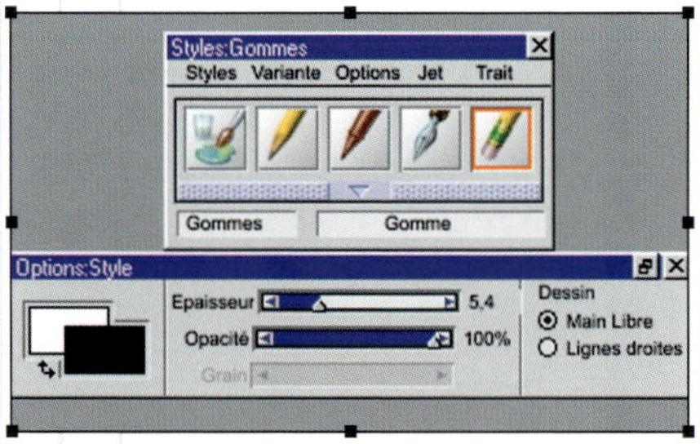

Pour corriger une erreur, j'utilise la gomme. Pour cela, je retourne mon stylet qui est aussi sensible à la pression. Il me suffit de pointer l'arrière du stylet dans le menu Style sur l'icône Gomme, afin de bénéficier de la fonction, puis de régler son épaisseur dans la fenêtre Options:Style, et enfin de gommer ou d'estomper ce qui doit l'être. Après cette opération, je n'ai plus besoin de revenir dans le menu pour récupérer la fonction Gomme : il me suffit de retourner le stylet. À noter qu'on peut annuler l'opération antérieure en appuyant sur les touches Ctrl+z.

Lorsque je souhaite enlever une partie du dessin sans frotter frénétiquement sur la palette graphique avec mon stylet, les yeux rivés à l'écran, je clique sur l'outil Lasso ; je délimite alors l'espace qui ne m'intéresse pas et j'appuie sur la touche Effacement de mon clavier.

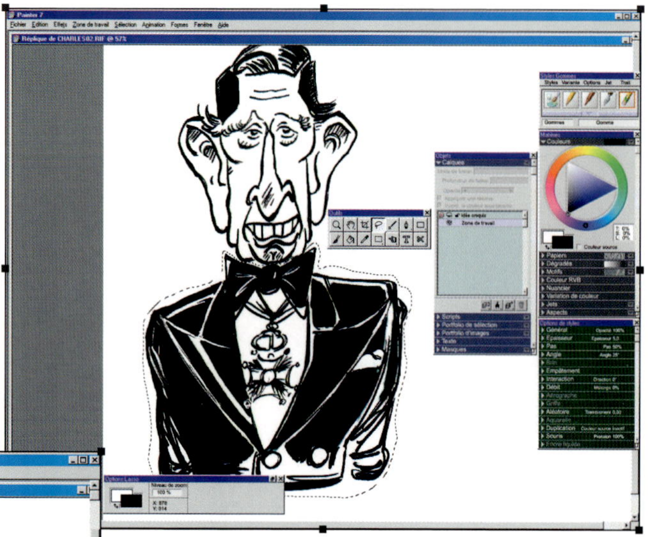

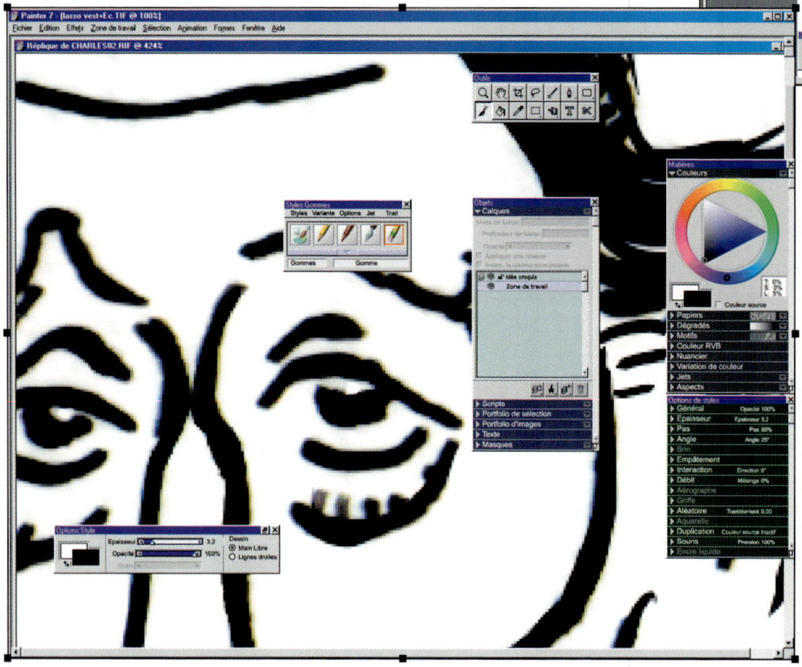

La phase de travail de dessin proprement dit est en marche. Elle va être ponctuée par des retouches incessantes, jusqu'à ce que le résultat soit satisfaisant. ■

De la réussite de la caricature du prince Charles va dépendre l'efficacité de l'illustration. Primo, il doit être immédiatement identifiable. Deuzio, son visage doit être neutre, car il s'agit de polariser l'attention de l'observateur sur ses oreilles.

Étape 4

Réalisation du clone

Je détoure ensuite grossièrement le buste du prince Charles à l'aide du lasso et procède à un copier-coller pour dupliquer le buste. Dans le menu Calque, je fais apparaître mon croquis sans l'activer, pour m'aider à placer correctement le buste dans la composition. Puis je réitère l'opération avec la tête sans les oreilles.

Une fois la tête placée, je travaille le visage en redessinant les yeux pour le différencier de l'original. Pour amplifier l'effet d'envahissement provoqué par la disproportion des oreilles, j'essaie en particulier de resserrer un peu ses yeux.

Pour parachever le clone, je lui dessine des oreilles différentes, afin de casser préventivement la lourdeur d'une symétrie excessive.

La (**difficulté dans ce type de dessin,** *c'est de savoir résister à un effet burlesque.*

Je souhaite que les inscriptions de mensuration des oreilles soient manuscrites. Pour pallier les difficultés cumulées d'écrire en ligne droite et à 90°, je vais dans le menu Zone de travail, puis dans Règle>Options de règle. En cliquant sur les bords du cadre de l'image, cela me permet d'afficher des verticales et des horizontales qui vont me servir de repère pour écrire. Je pivote ensuite l'image à 90°.

Tracer un trait droit, même à l'aide des repères verticaux, est difficile. Dans la fenêtre Options:Style, je clique sur l'option Lignes droites et le problème est réglé.

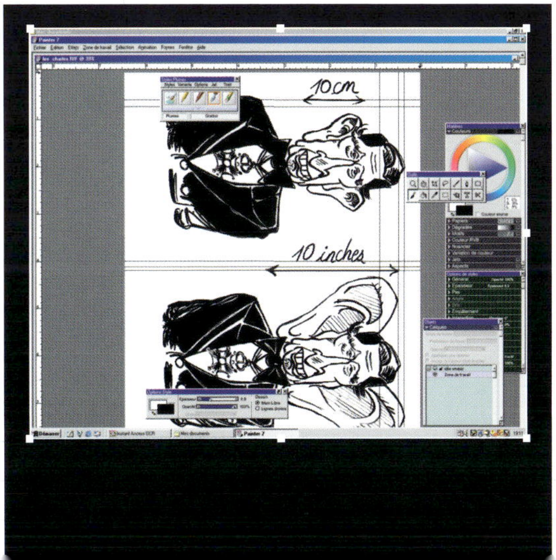

Je circonscris ensuite un œil à l'aide du lasso. Ce dernier me crée un calque que je définis dans un mode de fusion Gélatine ; avec le doigt ajusteur de calque, je peux tester mon idée. Je répète la même opération avec l'autre œil en évitant de le faire loucher : effet comique assuré mais complètement hors sujet.

On reconnaît bien la brosse Peinture en mode Gélatine
Peinture blanche recouvrante (mode de fusion par défaut)
Oreilles différentes redessinées
Duplication du visage
Mélange Aquarelle + Peinture mode Gélatine + Peinture par défaut
Yeux redessinés et resserrés
Aquarelle
Mélange Aquarelle + Peinture mode Gélatine
Duplication du buste
Aquarelle

Étape 5

Mise en couleurs

Cette étape intervient en phase finale de réalisation. Pour mettre en couleurs le dessin sans le dénaturer, j'utilise l'aquarelle pour sa transparence ; dans le menu proposé, je choisis une aquarelle Rond simple, qui a pour qualités fluidité, homogénéité et un joli rendu, ainsi qu'une gomme sèche qui ne gomme que l'aquarelle.

À chaque fois que l'on utilise le style Aquarelle, il lui est attribué automatiquement un calque spécifique, ce qui offre une très grande malléabilité, et permet d'essayer différentes solutions en temps réel.

On peut obtenir des effets de transparence intéressants avec le style Pinceaux. Habituellement, le rendu est une peinture opaque recouvrante.

Pour rendre transparente cette peinture, il faut d'abord créer un calque auquel on va attribuer un mode de fusion, soit Gélatine, soit Produit. La peinture devient alors translucide mais garde les effets de matière qui lui sont propres.

On peut nettoyer un croquis préparatoire en « aquarellant » grossièrement un croquis, et par le jeu des transparences, en gommant alternativement l'aquarelle sur son calque et la zone de travail de ses traits parasites.

Quant aux couleurs, je vais les chercher simplement sur le pourtour du cercle chromatique, et je détermine à l'intérieur de ce cercle leurs opacités et leurs saturations.

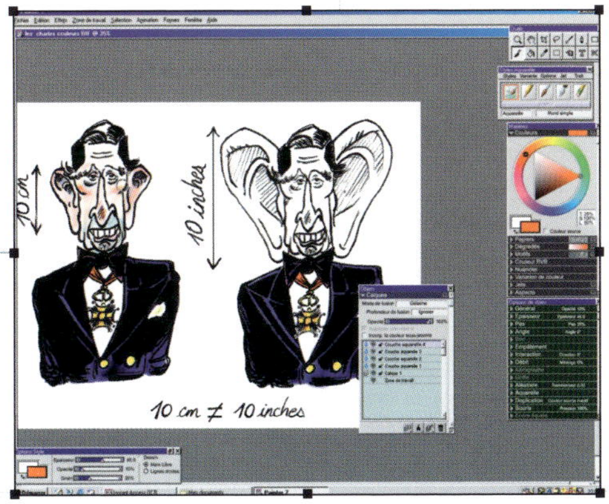

Une fois le dessin colorisé, je trouve qu'il pèche encore au niveau des flèches et de l'écriture manuscrite. Je les efface donc et les redessine à l'encre de Chine à l'aide de mon croquis original et d'une table lumineuse. Je n'ai plus qu'à insérer le résultat dans un mode de fusion Gélatine et à fusionner les calques. Le dessin est achevé.

les auteurs

CYRIL **ANGUELIDIS**

artiste numérique

Son imaginaire s'exprime – non plus face au traditionnel chevalet – mais directement sur l'écran. Cette nouvelle forme de création assistée par ordinateur bénéficie d'une grande liberté : l'image prend la place réservée au texte, et l'œuvre s'imprime sur un support papier pour devenir une toile selon la dimension désirée.
Au-delà du procédé qui révolutionne l'art contemporain, Cyril Anguelidis met en scène nos chimères, nos coups de foudre et nos sarcasmes devant l'imprévisible quotidien.

Henry Chapier

www.anguelidis.com

OLIVIER **COULON**

infographiste

Ancien étudiant de Supinfocom à Valenciennes de 1997 à 2001, Olivier Coulon (26 ans) est, entre autres, coréalisateur d'un court métrage de fin d'étude (*Le Déserteur*, prix du Jury au Siggraph 2002). Parallèlement au métier d'infographiste 3D sur le long métrage de Enki Bilal, *The Woman Trap* (modeleur personnage, spécialisation en expressions faciales, skinning, textures décors, matte painting), il est aujourd'hui également color script et character designer sur différents projets de courts métrages. Olivier Coulon réalise des bandes dessinées sur Painter depuis plus de cinq ans.

coulonolivier@hotmail.com
3 villa Haussmann 92130 Issy-Les-Moulineaux

ARNAUD **GAUTRON**

graphiste, illustrateur, webdesigner

Arnaud Gautron, 24 ans, est avant tout un passionné des formes graphiques d'expression. Tombé dans l'informatique depuis le milieu des années 80 et l'apparition des premiers Macintosh, c'est assez naturellement qu'il fait un lien entre le dessin et notamment Photoshop. Parallèlement à ses études de marketing à HEC, il découvre l'infographie et le Web ; il participera ainsi au lancement du site PixiBox.com.
Après une courte expérience salariée en marketing, il devient graphiste indépendant en juillet 2001. Il réalise plusieurs types de travaux en PAO (La Roche-Posay, Labels) et en webdesign HTML et Flash (Salakis, MédecineDiffusion). Ses travaux personnels plus récents s'orientent vers l'illustration, la peinture numérique à la tablette graphique, la photo numérique et la peinture traditionnelle à l'acrylique.

www.azoth8.com • contact@azoth8.com

KATHERINE **HAMON**

peintre, formatrice PAO

Ayant déjà la peinture comme première passion, Katherine Hamon en découvre une seconde en 1987 : l'informatique. Tout d'abord free-lance, elle partage son temps entre les expositions et le travail de l'édition entre l'Amérique Latine et la France. Aujourd'hui, elle met sa créativité au service de l'enseignement de la PAO, tout en poursuivant son parcours de peintre.

bouchedoree@wanadoo.fr

JÉRÉMY **MARIEZ**

illustrateur infographiste

Depuis maintenant 5 ans, Jérémy Mariez se passionne pour l'art virtuel, touchant autant à la peinture numérique qu'à l'image de synthèse et à l'animation 3D. Avec une formation au design produit, il s'épanouit dans un monde où l'on peut tout créer et tout imaginer...

06 08 17 21 98 • mariez_jeremy@hotmail.com

PASCAL **SIBERTIN-BLANC** DIT « SIB »

dessinateur digital spécialisé dans le pixel

Pascal Sibertin, 30 ans, dessine dès l'âge de 12 ans sur écran (TO7 puis l'Amiga). Après 4 ans d'études publicitaires à Corvisart, démonstrateur et caricaturiste pour les produits Wacom, il se diversifie dans de nombreux domaines tels que l'animation, les jeux, la presse et Internet, avec, pour souci, de toujours découvrir des horizons graphiques différents pour ne pas être classifié.
Il se lance actuellement dans la bande dessinée, et finalise plusieurs projets (seul ou en équipe) en tant qu'artiste indépendant.

www.sibertin.com • sib@sibertin.com.

JEAN-LUC **TOUILLON**

créateur digital, rêveur d'images

Après une formation graphique traditionnelle complète (diplômé ENSAD-Paris), Jean-Luc Touillon possède une pratique totale des techniques de création numérique (Studio graphique Apple France, dès 1986). Professionnel reconnu (de l'imprimé au cross-publishing), formateur (perfectionnement, options avancées des logiciels graphiques en particulier au CIFAP), directeur artistique (directeur associé) & directeur de création indépendant, Jean-Luc Touillon est le fondateur de LA F@KTORY, studio graphique hypermédia. Il est également l'un des principaux animateurs des Digital Creator's nights.

06 09 78 17 53 • jean-luc.touillon@wanadoo.fr
www.touillon.com • www.lafaktory.com

ZENO

dessinateur de presse, de bandes dessinées, storyboarder

Après des études de réalisation audiovisuelle, Zeno a travaillé 7 ans comme assistant réalisateur dans le cinéma. En 1995 il publie son premier dessin politique au Canard enchaîné. Depuis, il travaille en free-lance pour la presse, dans l'édition et parfois pour le cinéma comme storyboarder. Il a publié à l'hebdomadaire Marianne, collabore à divers journaux (Vocable, Synopsis, etc.) et autres publications de type institutionnel.

zeno01@noos.fr

Conception maquette et mise en pages
Nord Compo

Imprimé en France
Dépôt légal : Novembre 2002
Numéro éditeur : 6870